SUIVEZ LE MONDE!

REVUE DE 1857 EN TROIS ACTES ET VINGT TABLEAUX

PRÉCÉDÉE DU

ROYAUME DES CHIFFRES

PROLOGUE EN UN ACTE

PAR

MM. A. DE JALLAIS, ALEXANDRE FLAN ET ERNEST BLUM

Représentée sur le théâtre des Délassements-Comiques le 24 Décembre 1857

Mise en Scène de M. Oscar ; Décors de M. Ciceri ; Musique de M. Millet ; Costumes dessinés par M. Pichat. Ballets réglés par MM. Monnet et Boizot ; Machines de M. Achille.

PERSONNAGES DE LA PIÈCE :

TRUC XXXIII	MM. Montrouge.
ZERO	Duval.
FANFARE. / LE JOUEUR D'ORGUE	Pelletier.
L'HOMME AUX PONTS	Maurel.
LE JARDIN D'HIVER / LE BOUILLON / UN MAITRE D'HOTEL	Mérigot.
MONSIEUR AU CHAPEAU / LE BAIN FROID	Zimmer.
LE LOUVRE	Sorel.
L'ÉCARTEUR / MAURICE / LE COUPÉ-LIT	Gothi fils.
MONSIEUR ZOZO / UN COCHER / LE FORT / LE DOUANIER	Gothi père.
CARNIOLI	Abel Brien.
LE POT	Albert.
LE SEAU / HÉBERT	Hoffmann.
UN MARCHAND DE JOURNAUX	Ledru.
COMMISSIONNAIRE	Roche.
UN FROTTEUR	Victor.
MARCHAND DE COCO	M. Coulleau.
LE RONDEAU / LE MONDE ILLUSTRÉ / LE PONT NEUF / UN TITI	Mmes Moyse.
DAME AU CHAPEAU / FONTAINE DES INNOCENTS / LE PUBLIC	Anna.
LE TRANSPARENT / CONCERT MUSARD / MAITRESSE D'HOTEL / UNE MÈRE	Octavie.
BONNE D'ENFANTS / JACK SHEPPARD	Taillandier.
LE DÉCOR	Dorléans.
LA REINE D'OCCASE	Dargis.
MARCHANDE DE POISSON / BARRIÈRE DE L'ÉTOILE	Hermance.
LA POINTE / LA CARAFE	Mélanie.
LA VIRGULE	Céline.
LE LIVRET / L'ILLUSTRATION / BARRIÈRE DU COMBAT	Henriette.
LE NUMÉRO 2 / LE SQUARE DU TEMPLE / LA SEINE	Clotilde.
LE NUMÉRO 1 / LA FONTAINE / HENRIETTE	Georgette.
MARCHANDE DE VERDURE / LE NUMÉRO 3 / BARRIÈRE DE BERCY	Paurelle.
MARCHANDE DE BEURRE / BARRIÈRE D'ENFER	Dorléans.
BONNE DES HALLES	Mathilde.
LE NUMÉRO 4 / LE VERRE	Evrard.
LE NUMÉRO 5	Louise.
LE NUMÉRO 6	Julia.
LE NUMÉRO 7	Rosine.
LE NUMÉRO 8 / BARRIÈRE DE PASSY	Clémence.
BARRIÈRE DES VERTUS	Marie.
BARRIÈRE DE L'ÉCOLE	Evrard.

Au 1er acte :
LE CALÉDONIEN, quadrille écossais.
Au 2me acte :
KA-KÉ-KI-KO, divertissements chinois.

PROLOGUE

Décor fantastique. — Calendrier sur les portails. — Au fond, un bosquet. — Au lever du rideau, les numéros Un, Deux et Trois jouent au loto; le Quatre et le Cinq font des armes ; le Six fume; le Sept et le Huit boivent ; le Neuf regarde jouer.

SCÈNE PREMIÈRE.

UN, DEUX, TROIS, QUATRE, CINQ, SIX, SEPT, HUIT, NEUF.

CHŒUR.

Air : *Polkas des Vieilles Gardes* (Delibes).

Buvons,
Jouons,
Chantons
Et répétons
Ce gai refrain
Qui met en train :
Vive le vin,
Le jeu ce Dieu malin,
Ils savent toujours calmer le chagrin.

LE UN.

Quel jeu charmant que le loto !

LE QUATRE.

Les armes sont un jeu plus beau.

LE DEUX.

Le tabac l'emporte, nigaud!
Le bonheur, c'est du vin sans eau.

LE UN.

Amis, livrons-nous donc aux jeux,
Et répétons tous, avec feux,
Ces mots qui nous rendent heureux.

REPRISE ENSEMBLE.

Buvons,
Jouons, etc.

LE TROIS, *appelant le loto*. Vingt-deux... les deux cocottes...

LE DEUX. Ça me fait deux ternes... me voilà sur la route des ternes!...

LE UN. Extrait! tiens! non, je ne l'ai pas!...

LE QUATRE, *faisant des armes avec le Cinq*. Mets-toi en garde...

LE TROIS, *jouant*. Quatre... le chapeau du commissaire...

LE UN. Ambe... tiens! non, je ne l'ai toujours pas... je demande à changer de...

LE DEUX. De chapeau?

LE UN. Non! de carton...

LE DEUX. Après le tour...

LE TROIS. Onze!...

LE QUATRE. Mes jambes!...

LE DEUX. Quine!...

LE TROIS. Ou désordre et génie!

LE UN. Vérifions...

LE TROIS. Je m'en rapporte.

LE UN. Le deux a triché.

LE DEUX. Tu oses dire... (*Ils se menacent.*)

LE QUATRE. Holà! mes amis, pas de division!...

LE DEUX. Il y a soustraction...

LE QUATRE. Les querelles se multiplient... pourquoi aussi jouez-vous au loto? vous perdez la boule... et puis le loto est un jeu d'oie... faites des armes... Continuons, numéro Cinq. Parez tierce... passez quarte!... fendez-vous!... (*Il attaque vivement.*)

LE DEUX. Quel diable a Quatre?... on croirait qu'il se bat au premier sang.

LE TROIS. Tout ça ne vaut pas deux sous à fumer.

LE UN. Recommençons la partie...

LE DEUX. Je sors d'en prendre...

LE UN. Alors, annulons le coup.

LE DEUX. Du tout, j'ai gagné...

LE UN. Tu en as menti...

LE DEUX. Les chiffres ne mentent jamais!

LE UN, *le menaçant*. Non d'un... je me tiens à quatre.

LE DEUX. Tais-toi donc... j'en mangerais deux comme toi. (*Ils se mettent en garde.*)

LE TROIS. Ah! ah! deux chiffres qui s'alignent...

SCÈNE II.

LES MÊMES, LA VIRGULE.

LA VIRGULE. Eh bien! Eh bien!... on se dispute ici?...

LE UN. La virgule! que nous veut-elle?...

LA VIRGULE. Eh! parbleu... vous séparer.

Air *M. Millet*.

Comme autrefois les petits fifres
Séparaient tambours et soldats,
Moi, virgul', mon rôle, ici-bas,
Est de séparer tous les chiffres;
La virgul' sépare les chiffres.

LE UN. La Virgule nous montre le point... le Deux m'agace les trois quarts du temps : si je le pince entre quatre'z'yeux..

LE DEUX. Le Un veut toujours être le premier dans tout...

LE UN. Pourquoi pas ?... c'est mon droit...

Air : *Restez troupe jolie*.

Un! c'est l'histoire de la vie :
Tous nos jours passent un par un :
Un ami, chacun nous l'envie ;
Chacun redoute un importun,
Lorsqu'il n'a pas le sens commun.

Un... fait revivre au cœur des femmes
Un premier amoureux...

LA VIRGULE.

Oui-dà !...
Heureusement que bien des dames
Ne s'en tienn'nt pas à c' chiffre-là ! } *bis.*

Voyons, mes enfants, donnez un démenti au dicton : *Rien n'est brutal comme un chiffre;* ne faites ni un ni deux, raccommodez-vous... qu'on dise les deux n'en font qu'un.

LE UN, *tendant la main.* Sans rancune...

LE DEUX. Soit ! c'est égal, le Un se donne trop d'importance !

LE TROIS. C'est le tambour-major des chiffres, dont le Zéro se croit le général. Le Zéro... ce gros inutile, qui se fourre partout pour se donner de la valeur...

LA VIRGULE. Pas si haut donc ! je précède le Zéro de quelques instants, s'il vous entendait !... Justement le voilà... à vos rangs.

SCÈNE III.

LES MÊMES, *plus* ZÉRO.

AIR : *Polka des écus* (OFFENBACH.)

Deux fois deux font quatre,
Deux fois trois font six,
Deux fois-quatre font huit,
Deux fois cinq font dix,
Deux fois six font douze,
Deux fois sept quatorze,
Deux fois huit font seize,
Deux fois neuf dix-huit.
Deux fois...

LE UN, *l'interrompant.* Non, une fois c'est assez !

REPRISE EN CHŒUR.

Deux fois deux font quatre, etc.

ZÉRO. Bonjour, mes amis, bonjour mes chers camarades; j'accours m'épanouir au milieu de vous, car sans moi vous n'êtes rien ..

LE UN, *à part.* C'est lui qui n'est rien sans nous !...

ZÉRO. Et cependant pour vous rejoindre, je m'arrache au plaisir de la table...

LA VIRGULE. De la table de multiplication ?...

ZÉRO. Laissez-moi vous passer en revue... tenez-vous droit, numéro Trois... vous avez l'air bossu...

LE QUATRE. Sa mère a eu un regard de Polichinelle.

ZÉRO. Numéro Quatre, belle tenue... toujours tiré à quatre épingles... Pauvre Sept, tu n'es pas neuf, mon vieux !... Ah çà ! vous savez que je suis bon prince. . mais le devoir avant tout. J'ai folâtré trois secondes, je deviens sérieux pour douze minutes. (*Très-grave.*) Comment vous retrouvé-je encore ? drôles !... votre place est à la bourse... à la banque... dans les calendriers... vous avez tous un rôle à jouer sur terre, et vous perdez ici des jours sans nombre. La paresse est un mauvais calcul. Aujourd'hui même, après mes instructions données, dé art général... et tenez-vous bien !... sinon, les chiffres romains vous supplanteront.

AIR : *Sur papier vert* (NARGEOT).

Mes amis, avant de partir,
Placez-vous, et soyez docile,
Vous avez tous un rôle utile,
Sachez comme il faut le remplir.

Toi, le Un, le premier de mille,
Toi, qui te tiens droit comme un I,
Répète à l'enfance docile :
Il est un Dieu que l'on bénit.

En hymen, en amour... le Deux
C'est le chiffre par excellence;
Évitez un tiers par prudence,
Ce n'est qu'à deux qu'on est heureux.

Le Trois, qu'en ce moment je nomme,
Montre au pauvre déshérité
Les trois vertus, soutiens de l'homme,
Espérance, foi et charité.

Le Quatre aussi dit au faquin :
Égoïste, il faut en rabattre;
Il faut savoir te mettre en quatre
Afin d'obliger ton prochain.

Cinq, sans vouloir te faire injure,
N'ajoute pas à chaque prêt;
Avec soin évite l'usure
Et porte-nous moins d'intérêt.

Bien que tu sois un peu mon fils,
Pauvre Six, je te répudie
Par horreur pour la tragédie :
Shakspeare traduit par... Ducis.

Toi, des sept... sages de la Grèce
Redis les utiles travaux,
Et surtout fais à la jeunesse
Fuir les sept péchés capitaux.

Toi, Huit, ne va pas l'oublier,
Pendant trois mois sois calme et sobre.
Janvier, avril, juillet, octobre,
Le huit vient toucher ton loyer.

Toi, mon cher Neuf, on t'idolâtre,
Amours, romans, ou drap d'Elbeuf,
A la ville comme au théâtre
N'en fût-il plus, on veut du neuf.

Je finis par un vieux bon mot
Dont le public me fait la rente :
L'Institut n'a pas ses quarante,
Et, vite... on ajoute un zéro.

Bah ! le zéro, quoique on en glose,
De notre siècle est le lion;
Sans le zéro, le un, qui pose,
Ne ferait pas un million.

REPRISE ENSEMBLE.

Mes amis, avant de partir, etc.

Quant à moi, je n'ai qu'à me reposer, à m'arrondir... depuis qu'on ne procède plus que par centaines de mille, le zéro pullule ; les gens qui doivent ajoutent un zéro par çi par là... et tout est payé... à moins que tout ne soit dû... Vous savez bien... ce gros richard... Cœur de Million, qui étale son large abdomen au soleil... c'est moi, Zéro, qui ai fait sa fortune... mais baste !.. je n'en suis pas plus fier, je suis tout rond, et reste Zéro comme devant. (*Très-grave.*) Assez batifolé... livrons-nous à nos exercices d'arithmétique. Nous sommes en décembre... quel quantième ?... Garde à vous !... par le flanc droit et par le flanc gauche, harche !... (*Musique à l'orchestre. Le 2 et le 5 se placent à côté l'un de l'autre.*) Ah ! voilà le quantième, 25... bien ! Quel millésime ? (*Le 1, le 8, le 5 et le 7 se placent sur une ligne.*) 1857 ! Ah ! sapristi !

LA VIRGULE. Qu'y a-t-il ?

ZÉRO. Mais nous n'y pensons pas ! 25 décembre 1857, l'année va finir ; nous avons bien autre chose à faire.

TOUS. Quoi donc ?..

ZÉRO. Rendre compte à 1858, selon l'usage antique et pas le moins du monde solennel, de tout ce qui s'est passé dans l'année précédente...

LA VIRGULE. C'est vrai, la Revue de fin d'année.

ZÉRO. Pauvre Sept, tu n'as plus que quelques jours à vivre.

LE DEUX. Tiens ! le Sept qui a des éblouissements ; les jambes lui manquent... cré potence !..

ZÉRO. Si on lui donnait un coup de Lancette.

LA VIRGULE. Ah ! voilà de l'esprit au-dessous de Zéro...

LE QUATRE. Du vinaigre des Quatre voleurs...

LA VIRGULE. Laissez-le finir tranquille, c'est la loi commune, et occupons-nous tous de la Revue.

ZÉRO. Elle ne nous fait pas grâce d'une virgule. La Revue, c'est facile à dire... mais le compère obligé ?

LA VIRGULE N'avez-vous pas le roi Truc ?..

ZÉRO. Où diable est-il fourré ?

LA VIRGULE. Je n'en sais rien ! mais une évocation, ça fait toujours bien...

ZÉRO. Va pour l'évocation. En avant, l'orchestre, et que chaque chiffre déchiffre !..

CHŒUR, *à mi-voix.*

AIR : *Musique militaire.*

Le grand roi Truc depuis un an sommeille,
Qu'il se réveille
A nos accents si doux...
Roi Truc, pour nous,
De grâce éveillez-vous ;
Nous sommes tous
A vos genoux.

(*Une trappe s'ouvre et le roi Truc paraît endormi sur un lit de repos.*)

SCÈNE IV.

LES MÊMES, TRUC.

REPRISE DU CHŒUR.

ZÉRO. Ah ! le voilà !

TRUC, *se réveillant.* Il me semble avoir entendu comme un léger bruit...

ZÉRO. Il entr'ouvre un œil...

TRUC, *éternuant.* Atchi !..

ZÉRO. Dieu vous bénisse !

TRUC. Merci.

ZÉRO. Il entr'ouvre l'autre.

TRUC, *éternuant.* Atchi !..

LA VIRGULE. On n'a pas demandé *bis*...

TRUC. Allons bon !.. je suis enchifrené...

ZÉRO. Effet de l'humidité ! une cave, c'est si humide... (*Criant.*) Grand roi !

TRUC, *sautant.* Ah ! grand !... c'est ma foi vrai... je suis grand, et je suis roi, le roi Truc XXXIII, je l'avais oublié.

AIR : *Dagobert.*

Je suis l' roi Truc trent'-trois,
Connu jadis par ses exploits ;
L' succès suivait mes lois.
Maint'nant, j'ai l'esprit aux abois ;
Monarque sans joie,
Monarque sans poids,
Désormais, je n' dois
Que ronfler, je crois.
Je suis l' roi Truc trent'-trois
Devenu bête comme une oie.

ENSEMBLE.

Voilà l' roi Truc trent'-trois,
Devenu bête comme une oie.

ZÉRO, *à part.* Ça se voit.

TRUC. Que me veut-on ?... et pourquoi me tirer de mon apathie ?... C'est si agréable de dormir ; j'ai toujours désiré l'emploi de sommeillier.

ZÉRO, *montrant* 1857. Regardez !

TRUC. J'ai regardé ! je vais me recoucher !

ZÉRO, *le retenant.* Ne passez-vous pas, tous les ans, la revue de l'année ?

TRUC. Encore ! non, non, une autre fois, nous sommes gens de revue !...

ZÉRO. C'est précisément pour ça.

TRUC. Mais c'est toujours la même rocambole.

LE DEUX. Ah ! mon Dieu ! le Sept qui se trouve mal... au secours !... (*Le Sept change à vue et redevient jeune, il a un huit à son bourrelet.*)

ZÉRO. Il s'est trouvé mal ? moi, je le trouve mieux...

LA VIRGULE. Évanoui... le Huit a repris sa place...

TRUC, *se frappant le front.* 1858... Ce nouveau millésime me rappelle à mes devoirs.

(*Fausse sortie.*) Cependant, je ne puis pas faire une revue à moi tout seul.

ZÉRO. Je suis là!...

TRUC. Et ton service?... l'armée a besoin de toi.

ZÉRO. Je ne suis de garde qu'en 1860.

TRUC. Je connais bien des gardes nationaux qui voudraient pouvoir en dire autant... en ce cas, je t'emmène à Paris. Ah! bien oui; mais mes accessoires?...

LA VIRGULE. Il n'y a qu'à les retirer du clou...

TRUC. Est-ce qu'ils sont chez ma tante?...

ZÉRO. Mon grand seigneur, ils sont au portemanteau.

TRUC, à 1858. Décrochez-moi ça. (*Musique. Le bosquet s'ouvre, le Un, le Cinq le Deux et le Huit, décrochent le Rondeau, le Transparent, la Pointe et le Décor.*)

SCÈNE V.

LES MÊMES, *plus* LE RONDEAU, LE TRANSPARENT, LA POINTE *et* LE DÉCOR.

ZÉRO. Pauvres diables! ils sont pleins de poussière...

TRUC. Eh! ils ne bougent pas...

LA VIRGULE, *les secouant*. Eh! le Transparent!... la Pointe!... le Décor!... rien!

TRUC, *tirant une clef d'or de sa poche*. Attendez, je vais leur remonter le moral.

AIR : *Toc, toc* (HENRION).

Écoutez-moi, mes gentils accessoires...
Avez-vous donc oublié nos victoires?...
Janvier déjà ramène l'an nouveau,
Secouez-vous, on lève le rideau.
Plus de dodo (*bis*).
(*Les remontant tour à tour.*)
Cric! crac! cric! crac!... ah! quel tictac!
Cric! crac! cric! crac! mon cœur bat; Truca l' trac.
Bonheur! espoir! le ressort grince et crie.

ENSEMBLE, *moins les quatre personnages.*

Ah! ah! ah! ah! ah! ah! ah!
Ils vont donc renaître à la vie.
Ah! ah! ah! ah! ah! ah! ah!
Plus de cric crac!
Plus de tictac!
Truc n'a plus l' trac.

TRUC. Silence!... ils renaissent, nous sommes sauvés! (*Les chiffres Un, Huit, Cinq, Huit ont cessé de soutenir les quatre personnages.*)

TRUC.

Enfin vous renaissez, grace au truc du roi Truc,
Pour vous plus d'air perruque et plus d'aspect caduc!
Accessoires chéris, voulez-vous bien encor
Me prêter le couplet, la verve et le décor?...

LES QUATRE PERSONNAGES.

En chœur, le front épanoui,
Nous disons d'un ton réjoui :
Oui!

TRUC. Cet ensemble me touche... maintenant, souffrez que je vous présente à mon ami Zéro, notre futur compagnon de voyage.

LES QUATRE PERSONNAGES. Nous nous présenterons bien nous-mêmes!...

LE TRANSPARENT.

AIR *de M. Millet.*

Regardez-moi, je suis le Transparent
Que tout théâtre accroche par devant.
Auteurs, acteurs, directeurs, me voyant,
Disent tout bas, chaque soir, en tremblant :
Fichu métier! Dieu, que de trans' par an.

TRUC, *lui tapant sur la joue*. Tu me l'as volé, celui-là!...

LA VIRGULE. A qui le tour?...

LA POINTE.

AIR : *Friandise.*

De mes pointes,
A mains jointes,
L'on réclame le concours ;
Sans ma verve
En réserve,
Combien d'auteurs restent courts.
Un personnage en colère,
Qu'on fait sortir brusquement,
Dit : J' sors de mon caractère...
Et de mon appartement!

ENSEMBLE.

De mes/ses pointes,
A mains jointes, etc.

ZÉRO.

Bien des fois ell' désappointe
Les vulgaires appétits,
Car ses bons mots sur la pointe
D'une aiguille sont bâtis.
De ses pointes, etc.

TRUC.

Le vin nous donne une pointe...
On met un' pointe au couplet,
Moi-mêm' je pousse ma pointe...
Quand une belle me plaît!...
De ses pointes, etc.

LE DÉCOR. Place au Décor!

AIR : *Titi à Robert.*

Oh! que c'est bien! que c'est bien! que c'est chic!
Regardez quel luxe j'étale;
Jugez quel effet de la salle.
Ah! que c'est chic,
Dit le public, } *bis.*
Ah! que c'est chic!
Avez-vous besoin d'un palais? Soyez ravi,
A l'instant vous êtes servi.
Puis, demandez-vous un beau jardin?
Un Éden?
Le v'la soudain!
Maintenant, voulez-vous un vrai taudis,
Sombre et terne?
Une caverne?
Une caverne de bandits
Ou bien un cachot noir?
Désespoir
Sans espoir.

(*Pendant le couplet, il tire d'un carton les décors qu'il indique.*)

Vous n'avez qu'à demander... un coup de sifflet... le sifflet du machiniste... et les bravos éclatent...

REPRISE.

Ah! que c'est bien, etc.

ZÉRO. Avec de pareils auxiliaires vous devez réussir.

TRUC. Oui! mais, mon bibi, c'est le Rondeau... verve gauloise, esprit français... plus malin que le vaudeville... Voyons, Rondeau mon ami, trois pas en avant, quatre si tu veux et présente-toi.

LE RONDEAU.

AIR *de Kelly.*

Je suis le Rondeau,
L'enfant chéri de la Revue,
A moi le bon mot,
Le vieux pont-neuf ou l'air nouveau.
Quand je chante, quoi,
Chacun fête ma bienvenue,
Car je n'ai pour loi...
Que la gaîté de bon aloi.

Favart,
Avec art,
Le premier me mit à la mode ;
Gluck, à l'Opéra
Me transporta,
Mais là,
Oui dà,
Je restai rétif
Au récitatif
Comme à l'ode,
Je suis plus naïf,
Plus expansif,
Surtout plus vif.
Je trouve mon lot
Dans le grelot
Du vaudeville;
Mon couplet,
Qui plaît,
Fait
Son effet,
Succès complet.
Je reprends enfin
Ma verve rapide et facile,
Gare à mon refrain!
J'en ai jusqu'à demain
Matin!
Temps heureux,
Joyeux
Du théâtre de la rue d' Chartre;
Jours privilégiés,
Beaux jours que me fit Désaugiers;
Succès éclatants
Du beau temps
Du boulevard Montmartre,
Puissé-je céans
Vous retrouver aux Délass'ments.

REPRISE.

Je suis/Vive le Rondeau,
L'enfant chéri de la Revue,
A moi/A lui le bon mot,
Le vieux pont-neuf ou l'air nouveau.
Quand il/je chante, quoi,
Chacun fête sa/ma bienvenue,
Car il n'a/je n'ai pour sa/ma loi
Que la gaîté de bon aloi.

TRUC. Bravo! bravo! les idées me reviennent... elles me dansent dans le cerveau, elles demandent : Le cordon s'il vous plaît! (*Il fait geste de tirer le cordon.*) Dzing!... entrez, servez-moi dix couplets, vingt bons mots, trente calembourgs, quarante rondeaux, un demi-cent de lazzis... Chaud! chaud! et là-dessus, en route pour la grande ville.

TOUS. Partons!

CHŒUR.

AIR : *Croyez-moi, monsieur Biscotin* (HERVÉ).

TRUC.

Maintenant, filons lestement,
Hardiment
Et gaîment,
Et montrons promptement
De l'esprit, ce sera charmant.
D'être bête, vraiment,
C'est peu le moment.

TOUS.

Mes/Ses enfants filons/filez lestement, etc.

TRUC.

Tâchons de ne pas être en reste,
Mes enfants, avec nos aînés,
Ou nous aurions un affreux pied de nez!
Si nous allions, je vous l'atteste,
Par un hasard malencontreux,
Étant bêtes, fades, ennuyeux,
Remporter ce soir une veste.

TOUS.

Gare à la veste.

REPRISE ENSEMBLE.

Mes amis, filons lestement,
Hardiment,
Et gaîment, etc.

(*Le Rondeau lui prend un bras, la Pointe l'autre; les chiffres 1858 reparaissent sur un fond illuminé ressortant. Zéro a un sac de voyage; le Décor des cartons. — Départ général.*)

FIN DU PROLOGUE.

ACTE PREMIER.

—

PREMIER TABLEAU

Les Merveilles du Boulevard.

Le boulevard des Italiens. — Pont vénitien. — Cabane de journaux nouveau modèle.

—

SCÈNE PREMIÈRE.

TRUC, ZÉRO, LE COCHER.

LE COCHER. Payez-moi tout de suite.

TRUC. Jamais! au petit et au grand jamais!...

ZÉRO. Pas même l'année prochaine.

LE COCHER. Ainsi, vous me refusez mon salaire?...

TRUC. Tu l'auras toujours, ton sale air!... mais c'est une horreur!... Comment, nous te prenons à la Madeleine pour nous conduire ici, et sous le prétexte que ta montre marquait deux heures au départ et deux heures à l'arrivée, tu nous réclames douze heures de voiture!

ZÉRO. C'est invraisemblable! les coucous vont vous attaquer en contrefaçon.

LE COCHER. Dam! ça me paraît assez juste, ça se paye comme les actes de notaires... à la minute... Eh bien, vous me devez trente-sept francs cinquante centimes.

TRUC. Vous divaguez, mon gros bon; voyons, avouez que votre bassinoire a rencontré quelqu'un de sa connaissance et qu'elle s'est arrêtée.

LE COCHER. Nos montres s'arrêter?... Ah! bien!

AIR : *Ces postillons sont d'une maladresse.*

N'insultez pas nos cadrans, je vous prie,
Ils sont vantés comme de bons objets.

TRUC.

Voilà, mon cher, ce qu'entre nous je nie!

LE COCHER.

Non, c'est exact, ils ne bougent jamais,
Le cadran meurt, mais ne bouge jamais!
Nos montres sont, de Paris, les meilleures,
Leur mouvement n'est jamais dérangé,
Lorsque tantôt elle marquait deux heures,
En a-t-elle bougé?
Elle n'a pas bougé!

Parlé.) D'ailleurs, c'est une montre de Genève.

TRUC. Il veut nous faire prendre l'Helvétie pour des lanternes.

ZÉRO. Il a raison! elle n'aurait pas dû bouger... sa montre... de Genève.

TRUC.

AIR : *Enfoncez-moi tout ça.*

Votre lenteur m'irrite,
Aussi l'on vous évite,
Grâce à vos affreux animaux...
On veut partir de suite,
Mais les désirs sont de vains mots :
Sa montre va plus vite
Encor que ses chevaux.

TRUC *et* ZÉRO.

Leurs montres vont plus vite
Que leurs affreux chevaux.

LE COCHER. Allons! payez...

TRUC. Enfin, puisqu'on ne peut pas faire autrement... on m'y reprendra à prendre des fiacres à l'heure.

ZÉRO. Désormais, quand nous voudrons aller en voiture...

TRUC. Nous irons à pied...

LE COCHER. Merci bourgeois... là! maintenant que vous avez payé, vous pouvez vous consoler, les anciens tarifs sont rétablis.

TRUC. Alors, rendez-moi mon argent.

LE COCHER. Il est comme ses montres... le cocher meurt mais ne se rend pas... il n'y a pas de pourboire?...

TRUC. Un pourboire! malheureux... si... tiens... voilà un rafraîchissement!... (*Il lui donne un coup de pied.*) Qu'est-ce qui m'a décoché ce cocher?

ENSEMBLE.

TRUC *et* ZÉRO.

AIR : *L'Ennemi nous guette.*

Soyez bien tranquille
Dans ces sapins-là,
Sera fort habile
Qui m'y pincera!

LE COCHER.

Je suis bien tranquille
Dans ce métier-là,
Chacun est habile
On le repinc'ra!

SCÈNE II.

TRUC, ZÉRO, *puis* LA BONNE *et* LE PETIT.

ZÉRO. Quel drôle de début de voyage tout de même!...

LA BONNE, *avec un enfant en bourrelet.* Ici, Zozo, ici...

TRUC. Tiens, quelqu'un qui appelle son chien!...

ZÉRO. Non! c'est une bobonne... que vient-elle faire ici avec ce moutard?

LA BONNE. Je m'appelle Tapotte, monsieur, pour vous servir, et mon petit, Zozo Gratinet...

TRUC. Gratinet? c'est un assez joli sobriquet.

LA BONNE. Croiriez-vous que ce crapaud a la folie de la loterie!... depuis six mois il a pris un billet à la loterie du vase... de...

ZÉRO. De quel vase?

LA BONNE. D'un vase quelconque... vous savez, cette fameuse loterie? eh bien! depuis ce temps-là, il ne peut pas tenir en place... il croit toujours avoir gagné...

TRUC. Le gros pot (*se reprenant*), le gros lot?...

LA BONNE. Il me rend malheureuse comme un caillou avec sa loterie. Aussi j'avais demandé une augmentation à monsieur, et il m'a promis, pour me faire patienter, que la caserne du Château-d'Eau serait bientôt finie, et qu'il y aurait des militaires... Monsieur ne m'a pas augmentée, et il a toujours le marché aux Fleurs.

TRUC. Eh bien! vous devez trouver votre affaire parmi les fleurs, si vous aimez les beaux hommes... prenez des grenadiers, si vous préférez le fantassin; arrêtez-vous à la troisième capucine.

LA BONNE. Ça ne fait pas le même effet...

AIR : *Dans les gardes françaises.*

Voilà c' qui m' désespère,
Quand le cœur veut parler,
A l'École militaire
Il faut toujours aller;
Je m' j't'rais dans la Seine
Pour en finir soudain,
Si j'avais dans ma peine
Quelque pont sous ma main.

SCÈNE III.

LES MÊMES, L'HOMME AUX PONTS.

L'HOMME. Qu'est-ce qui parle de ponts? (*La bonne se sauve.*) Voilà! faites-vous servir.

TRUC. Quel est ce particulier?

L'HOMME. Je suis un architecte très-célèbre! ma modestie m'empêche de faire mon éloge, mais je ne puis vous cacher que vous avez devant vous l'homme le plus étonnant, le plus savant, et le plus grand de ce temps, en un mot, l'inventeur des ponts vénitiens! aériens! éoliens!...

TRUC. Nom d'un chien!...

L'HOMME. Et j'ai élevé, bien élevé même les ponts du boulevard.

TRUC. Du boulevard... ils ont donc des ponts maintenant?...

ZÉRO. Je ne connaissais que les ponts des pantalons.

L'HOMME. Et tenez, en voici un échantillon, regardez. (*Il indique le décor.*)

TRUC. C'est vraiment fort ingénieux et fort utile... fort utile surtout... A quoi ça peut-il servir?...

L'HOMME. A quoi cela sert?... à dégourdir les jambes des hommes, à montrer les mollets des femmes et à faire tomber les enfants... en outre, ça empêche les piétons d'être écrasés.

TRUC. C'est juste! mais ça n'empêchera pas les voitures d'être écrasées.

L'HOMME. Ça embellit les boulevards, ça leur donne un petit air qui n'appartient qu'aux quais.

TRUC. La plus invention ne peut donner que ce quai-là.

L'HOMME. Et quelle jolie idée! trois cents ponts élevés sur toute la ligne!... trois cents nouvelles occasions de se jeter non pas à l'eau, mais à la boue... et quels noms on va donner à ces ponts!... voyez un peu!...

AIR : *Rondeau des Deux Maîtresses.*

Sachez bonhomme
Comme je nomme
Mes ponts nouveaux, ces prodiges de l'art.
Je les baptise,
Pour eux j'aiguise
Une épigramme à chaque boulevard.

A la Mad'leine un premier pont domine,
Pour lui je veux conserver l'à-propos :
Mon premier pont, pont de la Crinoline,
Est mis par moi près de la rue du faux...
Puis, la chaussée
D'Antin passée,
Voyons vers le demi-monde élégant;
Ornements riches,
Le pont aux Biches
Plaît aux Léda du boulevard de Gand.

De l'Opéra nous trouvons le passage,
Le gaz s'allume et le soleil s'endort;
Voici les rats, rengaînez votre hommage,
Au pont d'Amour il faut faire un pont d'Or.
Je suis ma course :
Pont de la Bourse,
Dans ce pont-là j' ne coup' pas, j'en réponds;
Avant qu' ma ruine
Ne se termine
Il passera bien de l'eau sous les ponts.

Pont Bonne-Nouvelle, arrière les profanes,
Les débitants de calembours bâtards,
Faire un vaud'ville est, dit-on, l' pont aux Anes,
Non, le Gymnase nous mène au pont des Arts.
Un ch'val s'emporte
Près de la porte,
D' la port' Saint-Denis ou d' la port' Saint-Martin.
Quelle bagarre?...
C'est le pont du Gare!...
A caus' des cris poussés soir et matin.

Voici le pont du Château-d'Eau... bobonne
Au sentiment du troupier correspond,
Et le moutard, que ce duo chiffonne,
Humecte un peu le tablier... du pont.
Puis on contemple,
Boulevard du Temple,
Les ponts d' Venis', le pays des bravos,
Et sur la ligne
Je vous désigne
Le pont aux Choux dernier de mes travaux.

Mais il faudrait un pont à la Bastille,
C'est le bouquet, à lui donc le pompon!
Je veux trouver un nom qui plaise et brille
Allons poser la premièr' pierr' du pont.
Sachez bonhomme, etc.

Mais pardon, je vous laisse, il s'agit de construire un pont qui prendra de l'Obélisque aux tours Notre-Dame.

TRUC. O progrès! voilà bien de tes tours!

ENSEMBLE.

TRUC *et* ZÉRO.

Il part avec mystère
A l'instant,
Car pour une autre affaire
On l'attend.

L'HOMME.

Je pars avec mystère
A l'instant,
Car pour une autre affaire
L'on m'attend.

TRUC, ZÉRO, *puis* LE MARCHAND DE JOURNAUX *et* L'HOMME DES COUPÉS-LITS.

TRUC. Eh bien! comment trouves-tu cet éleveur de ponts?

ZÉRO. Je ne le trouve pas...

TRUC. Avec ses ponts... il peut bien aller se coucher...

L'HOMME DES COUPÉS-LITS. Qu'est-ce qui parle de se coucher?.. Parlez! je suis l'inventeur des coupés-lits.

TRUC. Découpéli... Ça doit être de l'italien ça!..

L'HOMME DES COUPÉS-LITS. Mais non, le coupé-lit, le lit-coupé.

ZÉRO, *à Truc.* Oui, le lit coupé en deux.

L'HOMME DES COUPÉS-LITS. Vous n'y êtes pas non plus... J'ai inventé une voiture dans laquelle on peut coucher toute sa famille : le père couche en long, la mère en large, les enfants en travers, et la bonne en dessous.

L'HOMME DES LITS.

AIR : *Ah! mon beau château.*

Oui, les coupés-lits
Sont de mode
Fort commode;
Oui, les coupés-lits
Iront dans tous les pays.
On voyagera
A son aise,
Quinze ou seize,
On se couchera
Quand la lun' se lèvera;
On s'endormira
En fort jolie
Compagnie,
Et l'on se donn'ra
Des coups de pieds par-ci par-là;
Celui-ci voudra
La ruelle,
Une querelle
Alors s'engagera
Pour savoir qui l'obtiendra;
Celui-là dira
L'froid m'irrite
Qu'on me couche vite,
Trop chaud l'autre aura
Et vit' se découvrira;
L'un tout haut rêv'ra
Qu'on l'attaque
Et qu'il vous claque,
Sur vous il tomb'ra
Et, ma foi, vous claquera;
Parfois on aura
Une voisine
Mutine,
Et quand l'on pourra
Avec elle on voisin'ra;
Souvent l'on perdra
Une botte
Ou sa culotte,
Mais on trouvera
Que le temps vit' passera,
Et quand l'on sera
A sa porte
De la sorte,
Quand on quittera
Le coupé-lit,
L'on dira :
Oh! du coupé-lit
Je regrette
La couchette,
Je regrette aussi
La voisin' du coupé-lit.

TRUC. Je ne mènerai jamais ma fille dans ces coupés-lits.

ZÉRO. Mais vous n'avez pas de fille.

TRUC. C'est pour ça.

L'HOMME *sort en chantant.*

Oui, les coupés-lits, etc.

ZÉRO. Qu'est-ce que vous cherchez donc là?

TRUC. Je cherche la... le... les...

ZÉRO. Les quoi?

TRUC. Ah çà, où sont-ils donc passés avec leurs boules peintes en bleu avec des étoiles d'argent en or... Ah! voilà notre affaire... Où donc est l'entrée?..

LE MARCHAND, *passant sa tête à la fenêtre.* Eh! là-bas? qu'est-ce que vous demandez?

TRUC. Ah! il y a du monde.

LE MARCHAND. Que voulez-vous?

TRUC. Mille pardons, monsieur, mais mon ami et moi nous avions besoin...

LE MARCHAND, *sortant.* D'acheter des journaux?..

ZÉRO. Comment, des journaux?

TRUC. Dans cette...

LE MARCHAND. C'est mon magasin... une nouvelle idée... une innovation de l'année... les kiosques du boulevard avec les annonces sur les carreaux... regardez-moi ça, voyez... celle-ci... deux collégiens qui s'enlacent...

TRUC. Du collége?... ils ont tort de s'en lasser...

LE MARCHAND. Et voyez comme les annonces en lettres ressortent!.. comme le noir paraît bien sur le blanc... ça se lit à vingt-cinq pas.

TRUC, *lisant.* Plus de chevaux gris!..

LE MARCHAND. Non... Plus de cheveux gris!..

ZÉRO, *lisant.* Ici on loue des gredins...

LE MARCHAND. Non!.. des gradins.

TRUC. Ce n'est pas assez lisible.

ZÉRO. Et nous qui prenions votre barraque pour une...

TRUC, *à Zéro.* S'il avait dormi, hein! (*Au marchand.*) Ainsi, c'est là votre magasin?

LE MARCHAND. C'est le magasin des familles... des marchands de journaux... On a remplacé l'affreuse cabane à lapins que nous nous bâtissions nous-mêmes par ces élégantes boutiques. Désirez-vous *la Gazette de Paris?*... oui... alors prenez *le Figaro*, qui vient de paraître! Nous avons *le Polichinelle, le Pirate, le Béranger, le Moniteur des cordonniers, des bottiers, des savetiers...*

ZÉRO. Quel métier!

TRUC. Vous devez perdre de l'argent à la chute des feuilles.

LE MARCHAND. Ah! j'oubliais celui-ci... *le Monte-Christo.*

TRUC. Christi... cristeaux... c'est en verre.

LE MARCHAND. Non! Gristo... par un rédacteur tout seul, le Robinson Crusoé du journalisme...

TRUC. Il doit paraître le vendredi, alors!.. il est rédigé par M. Alexandre... seul... tout seul... (*Chantant.*)

Il l'écrit seul, une, deux,
Avec d'autres rédacteurs.

ZÉRO. Ah! oui, j'ai entendu parler de ça. Il y a une gravure dessus : un chiffonnier qui vient de prendre un bain, se déguise en zouave.

LE MARCHAND. C'est un journal qui se vend beaucoup, mais comme on l'abîme!

ZÉRO. Eh bien! voilà ce que je blame moi!

LE MARCHAND. A la bonne heure!...

ZÉRO.

AIR : *On emprunta ce caractère.*

Oui, car l'homme qui le rédige
Créa plus d'un livre géant!
Lorsque l'envie, hélas! dirige,
Le cœur devient ingrat souvent;
Nous conservons tous la mémoire
Des pag's dont il sut nous doter.
De la France il une gloire,
Pour elle il faut le respecter :
Pour elle, en tout temps, sachons le respecter!
(*Cris dans le kiosque.*)

LE MONDE ILLUSTRÉ, *dans le kiosque.* Taisez-vous!...

L'ILLUSTRATION, *idem.* Malheureuse... impertinente... rien qui vaille! (*On entend le bruit d'un soufflet.*)

TRUC. Un soufflet... le feu va s'allumer...

LE MARCHAND. Je sais ce que c'est... C'est l'*Illustration* qui crie après le *Monde illustré.*

SCÈNE IV.

LES MÊMES, L'ILLUSTRATION, LE MONDE ILLUSTRÉ.

ENSEMBLE.

C'est affreux (*bis*), c'est infâme,
Non jamais (*bis*), sur mon âme,
L'on ne vit (*bis*) une femme
D'un toupet (*bis*)
Si complet.

L'ILLUSTRATION, *à Truc.* Oh! monsieur, vous me voyez d'une colère... a-t-on jamais vu cela... Cette mijaurée qui a l'audace de me faire concurrence, à moi, l'*Illustration*, le journal universel!

LE MONDE ILLUSTRÉ. Est-ce que le soleil de l'abonné ne luit pas pour tout le monde?

L'ILLUSTRATION. Insolente! Qui me prend tout, ma forme, mes dessins, mes rébus et jusqu'à mon papier!

TRUC. Je comprends qu'elle ne soit pas dans ses petits papiers.

L'ILLUSTRATION. Tout enfin... et qui s'amuse à avoir une rédaction plus soignée que la mienne... Comme si c'était possible...

LE MONDE ILLUSTRÉ. Dam! il paraît!...

L'ILLUSTRATION. Taisez-vous feuille à six sous!.. Voyons, monsieur, soyez arbitre.

TRUC. J'ai toujours eu du goût pour la profession d'arbitre. Qu'est-ce que c'est que ça que d'être arbitre?...

LE MONDE. Prouvez lequel de nous deux mérite la préférence.

L'ILLUSTRATION.

AIR : *Si j'allais au cabaret!*

Je parais le samedi...

LE MONDE.

Ce jour je parais aussi.

L'ILLUSTRATION.

J'ai vingt dessins parfaits.

LE MONDE.

J'en donne vingt bien mieux faits.

L'ILLUSTRATION.

Moi, mon format est charmant.

LE MONDE.

J'ai le même exactement.

L'ILLUSTRATION.

J'ai cent mille abonnés.

LE MONDE.

J'en ai qui ne sont pas nés!

L'ILLUSTRATION.

J'ai vingt-quatr' colonnes
D'histoires fort bonnes.

LE MONDE.

J'en ai, ça saute aux yeux,
Deux douzaines qui val'nt mieux!...

L'ILLUSTRATION.

L' rébus, chaqu' semaine,
S' devine avec peine.

LE MONDE.

Mes rébus, bien mieux faits,
Ne se devinent jamais!

L'ILLUSTRATION.

Moi, pour te vaincre aujourd'hui,
J' paraîtrai l' vendredi.

LE MONDE.

Pour me venger aussi,
Je paraîtrai le jeudi.

L'ILLUSTRATION.

Je paraîtrai l' mercredi.

LE MONDE.

Je paraîtrai le mardi.

L'ILLUSTRATION.

J' paraîtrai le lundi.

LE MONDE.

Moi l' dimanche.

L'ILLUSTRATION.
Et moi l' samedi!...

TRUC. Alors pour paraître le jour où vous paraissiez déjà, ce n'était pas la peine de paraître... si en colère!...

L'ILLUSTRATION, *au Monde*. Feuille de chou!..

LE MONDE. Feuille de salade!

ZÉRO. Voilà ce que je craignais!...

L'ILLUSTRATION. Pour l'enfoncer, je vais me rajouter un supplément et trois rébus.

LE MONDE. Et moi deux chroniques et quatre bois.

TRUC. Alors les lecteurs seront volés comme dans... un seul bois.

REPRISE DE L'ENSEMBLE.

C'est affreux!... (*bis*) etc.
Suite de l'air
L'ILLUSTRATION.
Journal insolent,
Je saurai pourtant,
Grâce à ma richesse,
T'offrir une vile détresse.
LE MONDE.
Pauvre *Illustration*,
A la conscription
T' a l' mauvais numéro,
Et c'est un remplaçant qu'il te faut.
C'est affreux!... (*bis*) etc.

SCÈNE V.

LES MÊMES, *moins* LES DEUX JOURNAUX.

LE MARCHAND. Eh bien! Qu'en pensez-vous?..

SCÈNE VI.

LES MÊMES, UN GAMIN.

(*Il entre en sautant à la corde.*)

TRUC. Faites donc attention, jeune mornichon.

ZÉRO. Mornichon?...

TRUC. C'est un mot arabe... (*Au gamin.*) Encore... Vous m'envoyez votre corde dans le nez.

LE GAMIN. Je demande la permission à monsieur, et monsieur me l'accorde.

TRUC. Du tout! cessez ce badinage!.. allez danser dans le jardin des Tuileries.

LE GAMIN. Il y a trois cents ans que j'y saute...

ZÉRO. Trois cents ans! il ne paraît pas son âge...

LE GAMIN. De père en fils.

TRUC. Allez jouer au bouchon dans le jardin du Palais-Royal...

LE GAMIN. Défense de jouer au palet dans le Palais-Royal!..

ZÉRO. Allez au Jardin des Plantes!

LE GAMIN. Autant m'envoyer à l'ours... pas si bête, j'ai mieux que ça sous la main.

TRUC. Quoi donc?...

LE GAMIN. Le squère du Temple.

TRUC. Squère?... Ah! oui, seulement ça se prononce squouire.

ZÉRO. Mais non, squouare.

LE GAMIN. Du tout! squère.

TRUC. Squère! squouare! squouire! qu'est-ce que c'est?

LE GAMIN. Le squère du Temple... voilà.

AIR : *Polka des deux vieilles gardes.*

C'est un jardin
Qu'on trouve sous sa main,
Jardin anglais
Dev'nu français.
Jardin planté
Avec variété,
De bancs peu doux
Et de petits cailloux.
On y trouve un gazon très-vert
Entouré d'une grille en fer,
Puis on y voit un roc très-beau,
Un roc en grès de Fontain'bleau!
Peu de poissons,
Quelques pinsons,
Et le tout de gaz entouré,
Pour plaire au public éclairé!
Mais le plus beau,
Surtout le plus nouveau,
C'est une cas'cade, une pièce d'eau,
Un grand lac où, pendant l'hiver, oui-dà,
Tant qu'on voudra...
Nul ne patin'ra!...
C'est le bois d'Boulogne en petit,
A l'usage de l'apprenti,
De l'ouvrier,
Du bon rentier
Et des commères du quartier.
On saura là
Que madame A,
Avec un fort joli cousin,
Se promène soir et matin.
Avec ces agréments,
Ces éléments,
Ces squ'ares s'ront trouvés charmants,
Et prendront, tôt ou tard, j'en ai l' trac,
Grands et petits promeneurs dans leur lac.

TRUC. Je comprends! ça s'écrit square, et ça se prononce jardin.

REPRISE.

Oui ce jardin, etc.
(*Le gamin sort.*)

TRUC. Voyons, maintenant si nous nous occupions à voir ce que nous avons à voir dans Paris.

ZÉRO. C'est notre affaire capitale.

LE MARCHAND. Prenez un de mes journaux, il vous dira de suite ce qu'il y a de curieux à voir...

TRUC, *à part*. Cet homme a une figure trompeuse, il a l'air bête. Eh bien! il est encore plus bête qu'il n'en a l'air...

LE MARCHAND. Tenez, voilà *le Journal du Plaisir*.

TRUC. Ça me fait plaisir... (*Lisant.*) Paris... affaire importante de Kamchamkam... ah! rien d'intéressant à signaler... s'il survenait quelque autre nouvelle de ce genre, nous tiendrons nos lecteurs au courant.

ZÉRO. Eh bien, voilà un journal joliment utile.

TRUC. Oui, il y a longtemps que je voulais savoir ça... Voyons aux faits divers... ils sont de saison! (*Lisant.*) En ce moment on donne le dernier coup de marteau à l'établissement du Jardin d'Hiver!

SCÈNE VII.

LES MÊMES, LE JARDIN D'HIVER.

LE JARDIN. Vous l'avez dit.

AIR : *Ah! ah! ah!*

Hi! hi! hi!
Me voilà démoli!
Je tombe en ruine,
Regardez quelle triste mine.
Hi! hi! hi!
N, i, ni,
C'est fini,
Le beau Jardin d'Hi
Ver va se trouver sans abri!
TRUC, *parlé*.
Le Jardin d'Hiver démoli?

LE JARDIN. Oui, le Jardin d'Hiver, ainsi nommé parce qu'on y donne des fêtes pendant l'été.

ZÉRO. Eh quoi, mon pauvre ami, on vous ôte de la circulation?...

LE JARDIN. Il paraît que j'étais trop beau! on remplacera ma serre par des maisons, mes plantes exotiques par des écuries, et mes fleurs odorantes par d'autres lieux... (*Il pleure.*) Hi! hi! hi!

TRUC. Séchez-vous un peu. (*A part.*) C'est un arrosoir que ce jardin-là.

ZÉRO. Il me tire un pleur!.. Tiens, j'ai perdu mon mouchoir.

LE JARDIN. Merci! vous compatissez... aux coups de pioche que j'ai reçus... ça console un pauvre jardin, qui est ratissé... Ah! je suis bien malheureux!..

AIR :

De mon jardin, hélas!
Plaignez la destinée,
Car cette même année
A vu ma gloire et mon trépas,
Cruel regret!...
J'étais pourtant utile,
L'on m'adorait
Et chez moi l'on venait,
L'on me vantait
Et dans la grande ville,
Pour chaque objet,
Vite l'on m'employait.
En a-t-on fait, chez moi,
De ces fêtes
Complètes,
Dans aucun endroit
On n'en fit autant, sur ma foi...
On fit des bals,
Des luttes opiniâtres,
Des carnavals,
Des concerts, des régals,
On fit de tout et jusqu'à des théâtres;
De tout, pourtant,
Excepté de l'argent!...
Puisqu'on veut, quel ennui!
Que je me démolisse,
Il faut que je pâtisse
De cette fureur d'aujourd'hui!
Mais, entre nous,
Voilà qui me console :
C'est que de tous
Ayant faussé les goûts,
Par ce trafic
J'étais d'jà, qu'elle école,
Bien démoli
Dans l'esprit
Du public.
De mon jardin, hélas! etc.

LE JARDIN. Que vais-je devenir?.. Où aller, à présent!..

TRUC. Allez à Londres, vous deviendrez un jardin anglais!..

LE JARDIN. C'est juste.

SCÈNE VIII

LES MÊMES, LE CONCERT MUSARD, LES PARISETTES.

LE CONCERT. Un jardin, voilà!.. un de perdu... un de retrouvé... le jardin de l'hôtel d'Osmond, l'oasis des concerts Musard.

TRUC. Et vous allez continuer à faire de la musique?

LE CONCERT. A grand orchestre... avec tombola dramatique... prenez un billet (*tirant le 14*) une entrée de faveur aux Délassements-Comiques.

TRUC. C'est moi... j'ai gagné l'entrée aux Délassements-Comiques. Voilà ce que je craignais... j'irai voir la Revue.

LE CONCERT, *tirant les billets*. Le 66.

ZÉRO. A moi.

LE CONCERT. Une entrée à l'Opéra...

ZÉRO. Quelle chance...

LE CONCERT. Les jours où l'on ne joue pas.

ZÉRO. Alors, c'est moi qui suis joué!..

ZOZO, *entrant*. Par ici, par ici, ma vieille gouvernante...

LA BONNE. Ne vous emportez pas, monsieur Zozo Gratinet... venez, venez, nous manquerons le tirage.

TRUC. Le tirage, de quoi?

ZOZO. De la loterie du vase de...

TRUC. Comment, c'est vous que j'ai vu si petit?...

ZOZO. Sans doute, vous savez bien, j'ai pris un billet et il n'a pas encore sorti... (*Il sort suivi de sa bonne.*)

ZÉRO. Eh! bien, le bonhomme est plus avancé que son billet; le voilà qui sort... lui!

TRUC, *au concert*. Ah çà! mais vous, avec votre musique, votre tombola, c'est bien; mais vous avez autre chose?

LE CONCERT. La danse...

ZÉRO. Et qu'est-ce que vous danserez de neuf...

LE CONCERT. Les Lanciers!.... (*Une femme entre en lancier.*)

TRUC. Je commence à en avoir plein le dos... et je vous dirai comme la fourmi, vous lanciez, j'en suis fort aise, reposez-vous maintenant.

LE CONCERT. J'inventerai des pas nouveaux : le Dragon, le Guide, le Hussard, le Pompier...

TRUC. Et tous ces beaux militaires danseront... quoi?

LE CONCERT. Toujours les Lanciers... seulement nous changerons de noms. Ça n'est pas plus malin que ça!...

AIR : *les Lanciers.*

Pincez notre pas
Qui n'est pas
Sans appas,
Et qu'importe son nom,
S'il plaît, allez-y donc;
Tous les pas nouveaux
Sont des pas rococos
Que l'on rajeunit en
Les app'lant
Autrement.
On est tour à tour
Régence ou pompadour,
Gavotte ou polka,
Cotillon, mazurka...
Tantôt
Au galop
Ou bien au trop,
Toujours il faut
Un pas nouveau...
Piano! piano!
Presto! presto!
Chaud!

QUADRILLE CALÉDONIEN.

DEUXIÈME TABLEAU.

L'Exposition.

Le théâtre représente une salle de l'Exposition de peinture aux Champs-Élysées. — Tableaux au fond. — Au milieu, au fond, un grand tableau représentant une charette chargée de moellons. — Sur le premier plan, à droite et à gauche du théâtre, deux arbres entourés de toiles ficelées, ayant au sommet deux réservoirs en zinc. — Au fond un petit banc de gazon.

—

SCÈNE IX.

ZÉRO, *se frottant l'épaule*. Merci... vous changerez d'épaule à la première bousculade, n'est-ce pas?... il faut se donner du mal pour arriver devant le palais de l'Exposition.

AIR : *Agenouillez.*

Moi je m'empresse aux portes de me rendre,
Au tourniquet voulant être rendu,
Je suis d'abord un long rang pour me rendre
Chantant un ranz, par moi fort mal rendu;
Je donn' cent sous, disant l'on va me rendre
Avec l'argent, l'honneur à mon rang dû,
Mais de monnaie on ne doit jamais rendre,
Et dans tout ça gn'a moi qui suis rendu.

(*Il s'assied.*) Qu'en dites-vous, supérieur?... tiens, je suis seul... Ah çà! où diable est passé le roi Truc XXXIII... il aura été prendre un bain de mer à la *frégate-école*. Qu'est-ce c'est que ça? (*Entrent deux commissionnaires avec une caisse. Ils parlent auvergnat.*

LE COMMISSIONNAIRE. Cha, che sont des tableaux qui chont en retard, fouchtra!...

ZÉRO. Tiens, c'est un Espagnol.

LE COMMISSIONNAIRE. Bourgeois, ne nous oubliez pas.

ZÉRO. Non, mes enfants, je ne vous oublierai pas, vous êtes assez laids pour qu'on se souvienne de vous. (*Ils s'éloignent. Zéro s'approche de la caisse.*) Tiens, ça doit être pour moi, on a mis dessus des zéros.

TRUC, dans la caisse. Zéro...

ZÉRO, *se retournant*. Il y a de l'écho!

TRUC, *chantant*. Ouvre-moi la porte.

ZÉRO, *chantant*. Pour l'amour de Dieu... où êtes-vous?...

TRUC. Dans la caisse.

ZÉRO. Vous devez y être mal... attendez. (*Il ouvre. Truc sort.*) Qu'est-ce que vous faisiez là-dedans?

TRUC. J'attendais un omnibus... à la porte d'un emballeur, lorsque je l'ai entendu dire : Fermez votre caisse et portez-la à l'Exposition : je me suis fourré dedans, me disant à part moi : ça m'évitera six sous d'omnibus et un franc d'entrée... Total vingt-neuf sous d'économisés...

ZÉRO. Non, vingt-six sous...

TRUC. Tu as raison, total vingt-huit sous d'économisés... J'ai fait craquer ma bretelle, déchiré un sous-pied et cassé le verre de ma montre, mais je n'ai pas payé pour entrer.

ZÉRO. C'est encore un truc.

TRUC. J'en ai eu le trac... Ah çà! me voici dans ce fameux palais! contemplons les chefs-d'œuvre de la peinture.

AIR : *Charlatanisme.*

Naguère, avant tous les tableaux
Dont c'palais en ce moment s'orne,
On exposa moutons, chevaux,
Sans oublier les bêt's à cornes;
Puis, vient l'exposition des fleurs,
J'en vois ici d' mieux fait's pour plaire,
Et je m' permets de dire des fadeurs...
Leur seul aspect rend ces lieux enchanteurs
Et chass' les soucis du parterre (*bis*).

ZÉRO. Vous êtes galant...

TRUC. Je suis spirituel, voilà tout!... Ah! çà, voyons, allons un peu regarder toutes ces peintures.

ZÉRO. Ah! j'en ai considéré de ces yeux, de ces oreilles et de ces nez.

AIR : *de l'Anonyme.*

J'ai vu là-bas une foule d'oreilles,
J'ai vu là-bas une infinité d'yeux;
Je ne pouvais pas sortir des oreilles,
J'étais toujours enfoncé dans les yeux.
Moi je n'entends pas grand' chose aux oreilles,
Mais en revanch' je n'entends rien aux yeux.
Bref, j'ai des yeux par-dessus les oreilles,
Et les oreill's me sortent par les yeux.

TRUC. En résumé, toi qui m'as précédé à l'Exposition, qu'en dis-tu?

ZÉRO. Je dis que j'ai vu, rue Richelieu, un tableau magnifique *au Grand Mogol* : faubourg Saint-Germain, un tableau superbe : *aux Deux Magots*, boulevard du Temple, un tableau assez bien conservé : *au Pauvre Jacques*...

TRUC. Mais ici.

ZÉRO. Ici... j'ai vu des enseignes, témoin *le Coup de collier*, un tableau d'entrepreneur de déménagements.

TRUC. Des ménagements... des ménagements...

ZÉRO. Et *les Demoiselles de la Seine*... une enseigne à faire rougir un homard...

TRUC... De sorte que les vrais tableaux...

ZÉRO. Brillent maintenant au-dessus des magasins à la mode.

AIR : *Sept châteaux.*

Oui, le négociant
Veut vraiment
Du talent,
Du très-beau,
Du nouveau
Et l'enseigne tourne au tableau.
Il ne veut plus d'une enseigne analogue
A son état, rappelant son métier;
Il la demande aux opéras en vogue :
L' Cheval de Bronze est modiste ou bottier.

Le Prophète, au rabais,
Vend des habits tout faits;
Topaze, aux élégants,
Offre des faux-cols et des gants.
Au temps jadis, l'enseigne plus commune
Chez les chalands demeurait en crédit,
On savait faire une honnête fortune
A l'Espérance ainsi qu'*au Gagn' Petit.*

L' marchand d' vin, avec soin,
Demandait un *Bon Coin*,
L'épicier d' bon aloi
S'intitulait *A la Bonne foi.*
Dam! on avait de modestes boutiques
Et des loyers plus modestes encor,
On vendait bon et pas cher aux pratiques,
On avait pas de devanture en or.

Mais il faut, à présent,
Un tableau séduisant
Pour attirer les yeux
Des curieux,
A qui mieux mieux..
Aussi, depuis que des œuvres bien faites
Servent d'enseignes au marchand en renom,
Tel grand chef-d'œuvre entouré de courbettes
N'est qu'une enseigne et prend place au salon.

REPRISE ENSEMBLE.

Oui, le négociant, etc.

TRUC. Alors, il n'y a rien de beau à voir, filons... Allons, bon, je me jette dans un arbre...

ZÉRO. C'est une reste de l'exposition d'horticulture.

TRUC, *regardant l'arbre*. Pourquoi donc l'a-t-on ficelé ainsi, cet arbre?... on dirait un saucisson de Lyon...

ZÉRO. Vous voyez bien, mon supérieur, que c'est un arbuste au maillot... ce sont ses langes.

AIR : *de Mazaniello.*

Cet arbre manquait de nourrice,
On lui donna ce rése voir;
Et l'on veille à ce qu'on l'emplisse
D'eau clair' le matin et le soir!

TRUC.

Ah! fort bien! je comprends l'usage
De ce grand réservoir tout rond;
C'est un arbre encore en bas âge,
Que l'on élève au biberon!

ZÉRO. Il y en a comme ça tout le long, le long...

TRUC. De la rivière?

ZÉRO. Non! des Champs-Élysées, c'est vilain, mais les arbres ne s'en portent pas mieux.

TRUC. Chut! voilà du beau monde qui vient par ici... Oh! les drôles de chapeaux... regarde donc cette dame, elle a l'air d'avoir un parasol sur la tête...

SCÈNE X.

LES MÊMES, *plusieurs* DAMES *avec des petits chapeaux à dentelles et à plumes. Elles ont la figure très-maquillée de blanc, de rouge et de noir. Un* MONSIEUR *avec un chapeau à double face.*

TRUC. Mais je ne me trompe pas, c'est un pastel sorti de son cadre...

ZÉRO. Comme c'est bien peint!...

TRUC, *saluant*. Pardon, madame, est-ce à un pastel de Giraud que j'ai l'honneur de parler?...

LA DAME. Oh! la drôle de binette!...

TRUC, à Zéro. Ce doit être une Anglaise. (*A la dame.*) Y aurait-il indiscrétion à vous demander comment vous appelez cet espèce d'auvent que vous avez sur la tête?...

LA DAME. Mon chapeau?... c'est le fameux chapeau Montespan!...

TRUC. Ah! Montespan!... je ne connais pas.

ZÉRO. Comment, sire, vous ne connaissez pas Montespan?

TRUC. Non, et toi...

ZÉRO. Ni moi non plus...

LA DAME. C'est ce petit chapeau qui a remplacé ceux à larges bords; les autres garantissaient du soleil, tandis que ceux-ci...

TRUC. Vous permettent d'être grillées autant que vous le voulez...

LA DAME. Nous avons soin de nous mettre une couche de blanc de céruse; ça nous conserve le teint frais...

TRUC. Ses ruses! elles sont cousues de fil blanc... mais puisqu'on ne le voit pas, votre teint?...

LA DAME. Ça ne l'en conserve pas moins, puisque l'air n'y pénètre pas.

ZÉRO. C'est comme une caisse couverte de toile goudronnée... votre figure est réduite à l'état de colis...

LA DAME. Ça plait aux hommes.

AIR : *de Marie.*

Une couche légère
De jaun', de roug', de blanc,
Puis du noir pour nous faire
L'œil plus vif et plus grand...

TRUC.

En forçant la nature
Votre teint est gâté,
Car toujours la peinture
Enlaidit la beauté.

TRUC, *désignant le monsieur.* Ah çà! et monsieur, est-ce aussi pour ne pas se garantir du soleil qu'il a un chapeau qui a la forme de... d'un... enfin, qui n'a pas de forme?

LE MONSIEUR. Pas de forme!... le chapeau Dorsay...

TRUC. Je ne connais que le quai d'Orsay.

LE MONSIEUR, *retirant son chapeau.* Vous prenez peut-être ceci pour un chapeau?...

TRUC. Il ne faudrait pas beaucoup me prier pour que je croie le contraire.

LE MONSIEUR. Et vous auriez raison; tenez, je n'ai qu'à dévisser le fond et j'obtiens un bol.

ZÉRO. Le bol de Bélisaire.

LE MONSIEUR. Je lâche ce robinet... et je trouve le moyen de me désaltérer... (*Il exécute à mesure, et boit.*) Voyez!...

TRUC. C'est un chapeau borne-fontaine... (*Regardant le fond.*) Est-ce que cette tasse ne pourrait pas servir à un autre usage qu'à boire?...

LE MONSIEUR, *mystérieusement.* Parfaitement! maintenant je revisse le tout, et quand la nuit est arrivée.

TRUC. Je devine...

LE MONSIEUR. Non... autre chose... j'ouvre un nouveau robinet, je prends une allumette dans la coiffe et j'allume une veilleuse. (*Il exécute à mesure, et pose son chapeau sur la tête.*)

ZÉRO. Si vous rencontrez des démolitions, arrêtez-vous et faites venir un invalide pour vous garder le lampion.

TRUC. C'est égal, vous pouvez vous vanter d'avoir changé un peu de coiffures.

AIR : *Sur papier vert.*

Vous avez, depuis soixante ans,
Des chapeaux de forme bizarre,
Cet ornement qui nous dépare
Dure l'espace d'un printemps.
Le chapeau, sous la république,
Qu'on eut soin de quitter bientôt,
Avait une forme conique,
Étroit du bas, large du haut!
L'incroyable mit en faveur
Un chapeau rempli de souplesse
Qu'on nommait claque, et qui sans cesse
Devait en valoir au porteur!
L'empire ramena la mode
Du chapeau rond, long et très-haut,
On avait l'air, c'était commode,
D'un vrai poêle avec son tuyau!
Puis, les chapeaux longs disparus,
Le chapeau plat eut la victoire;
En le voyant on pouvait croire
Que l'on s'était assis dessus!
Couvert d'un tissu cachemire
On porta le chapeau Gibus,
Puis les chapeaux qui firent dire
Turlututu, chapeaux pointus!
On porta des chapeaux polkas,
On porta des chapeaux Clarence,
On porta du feutre, et je pense,
Qu'on porta quelques panamas!
(*Désignant le Monsieur.*)
Maintenant on porte une chose
D'un modèle pas trop nouveau,
J'avoue, entre nous, que je n'ose
Lui donner le nom de chapeau.
Est-ce bien un chapeau qu'on fit,
Est-ce un vase que l'on achète?
Doit-on le mettre sur sa tête
Ou bien le fourrer sous son lit?...
Comme ce roi tranquille et sage,
Coiffé jadis par Jeanneton,
Faisons revivre enfin l'usage
Du charmant bonnet de coton!
Grâce à ces casques étoffés,
Tous se coifferont sans dépenses,
On n'en exceptera, je pense,
Que les gens qui sont nés coiffés.

REPRISE ENSEMBLE.

Nous avons, depuis soixante ans, etc.

ZÉRO, *à Truc.* Bigre, votre seigneurie est ferrée sur l'histoire de France... des chapeaux.

LE MONSIEUR. Si mon couvercle vous plaît, et que vous désiriez en connaître l'adresse...

TRUC, *avec empressement.* Oh oui! donnez-moi l'adresse! afin que je puisse aller autre part! (*Le monsieur offre son bras à madame, ils vont s'éloigner.*) (*Appelant.*) Madame, vous perdez votre tente... Cet espèce de drapeau...

LA DAME. Mon châle algérien.

TRUC. Pardon, je croyais que c'était de l'étoffe avec laquelle on faisait les tentes de coutil. (*Ils sortent.*)

SCÈNE XI.

LES MÊMES, L'ÉCARTEUR. (*Ce personnage est alerte et très-léger, il entre en faisant des bonds exagérés.*)

AIR : *Je suis tourbillon.* (*Escarcelle d'or.*)

Vrai gladiateur
Plein de cœur
Et d'ardeur,
Vous voyez le sauteur,
Le lutteur,
L'écarteur.
Donnez des bravos
A nos bonds tous nouveaux.
A nos
Assauts
De sauts,
Qu'ils sont hauts,
Qu'ils sont beaux!

TRUC. Tenez-vous donc un peu tranquille, qu'on sache au moins qui vous êtes...

L'ÉCARTEUR. Je viens de vous le dire...

TRUC. C'est comme si vous chantiez... restez en place, pour nous parler.

L'ÉCARTEUR. Impossible, j'ai du vif-argent dans les veines... je saute, je bondis, je cabriole. (*Il saute sur le pied de Zéro.*)

ZÉRO. Aïe... je finis par trouver vos bonds mauvais...

L'ÉCARTEUR. Méfiez-vous, bonhomme, je vais vous escalader...

ZÉRO. M'escalader?...

L'ÉCARTEUR. Comme une simple landaise...

TRUC. Vous seriez?...

L'ÉCARTEUR. Un des écarteurs de l'Hippodrome.

TRUC. Vous devez écarter le public?...

L'ÉCARTEUR. Au contraire, je l'attire avec mes génisses.. Tartarine, Lauréatte, Griche, Sauvageotte, Souris... figurez-vous, messieurs...

TRUC, ZÉRO. Nous nous le figurons...

L'ÉCARTEUR. Que j'étais dans une débine numéro un, sans état, sans ressources, j'errais par monts et par vaux, et je mangeais de la vache enragée... tout à coup une idée me vient...

TRUC. En votre qualité d'écarteur, vous l'écartez?

L'ÉCARTEUR. Non, je la saisis aux cheveux, je me fais écarteur... et je débute à l'Hippodrome, avec mes artistes à cornes.

ZÉRO. Je me disais aussi, voilà un gaillard qui a un air de bœuf.

TRUC. Quelle idée biscornue... mais vos vaches landaises doivent être montées sur des échasses?...

L'ÉCARTEUR. Du tout!...

TRUC. Je croyais... dans les landes, tout le monde marche avec des échasses...

ZÉRO. Mais les vaches... comment voulez-vous qu'on les chasse?...

L'ÉCARTEUR. Qu'on les chassât... vous parlez le français comme une vache espagnole... voulez-vous que je vous donne une idée de mes exercices avec mes génisses?...

TRUC. Donnez-nous-la!...

L'ÉCARTEUR. Figurez-vous...

TRUC, ZÉRO. Nous nous le refigurons.

L'ÉCARTEUR. Que vous êtes deux vaches.

ZÉRO. Mais nous n'avons pas le costume de l'emploi.

L'ÉCARTEUR. Vous ne manquez pourtant pas de laid.

TRUC. C'est le pis...

L'ÉCARTEUR. Si vous aviez un chapeau à cornes.

TRUC. Nous ne sommes pas mariés.

L'ÉCARTEUR. N'importe... Mettez-vous à quatre pattes...

ZÉRO. Qu'en pensez-vous, cher maître?

TRUC. Mettons-nous seulement à genoux... on nous croira *des veaux.*

L'ÉCARTEUR, *les faisant tomber sur les mains.* Vous y êtes... je suppose que je suis en présence d'une vache...

TRUC. Landaise?...

L'ÉCARTEUR. On ne peut plus landaise... et je la franchis...

TRUC. Comme une lettre?

ZÉRO. Il est timbré...

L'ÉCARTEUR. Allons, Sauvagrotte...

ZÉRO. Sauvageotte?

L'ÉCARTEUR. C'est vous! allons, Trombine!..

TRUC. Trombine?... C'est moi...

L'ÉCARTEUR. En avant la musique!

Truc et Zéro courent à quatre pattes, l'écarteur les évite, se rapproche et saute par-dessus. — Imitation burlesque des scènes de l'Hippodrome. L'écarteur termine en donnant un coup de pied au derrière de Truc et de Zéro et les salue gracieusement.

ZÉRO, *se relevant.* Touché!...

TRUC, *se relevant.* J'ai reçu un coup de corne.

ZÉRO. J'en ai plein le bas du dos de vos vaches landaises.

TRUC. D'ailleurs, elles ne donnaient plus de lait, puisqu'on dit qu'elles avaient *les pis démis.*

L'ÉCARTEUR. Celui-là est trop fort, je vous quitte.

TRUC. Vous rejoignez ces dames?...

L'ÉCARTEUR. Je vais retrouver mes artistes, nous partons pour Londres.

REPRISE ENSEMBLE.

Vos génisses, mon cher,
N' passeront pas la mer,
Ell's aiment mieux le plancher des vaches.
(*L'Écarteur sort à grandes enjambées.*)

SCÈNE XII.

ZÉRO, TRUC, PROMENEURS, UN MONSIEUR HABILLÉ DE BLANC.

TRUC. Maintenant ils'agitde voir les tableaux, car depuisque nous sommes à l'Exposition, c'est la seule chose que nous n'ayons pas regardée. Aux tableaux maintenant... et dépêchons-nous, nous musons trop...

ZÉRO. A l'Exposition de peinture on ne saurait trop muser.

TRUC. A propos! As-tu vu le livret?

ZÉRO. Non... et vous?

TRUC. Non, et toi?

ZÉRO. Non... et vous?

TRUC. Non... et... ah! j'ai déjà dit ça... où nousen procurer un, je n'en aipas vu en entrant, ma caisse m'en empêchait... ma fortune pour un livret! (*Criant.*) Un livret, s'il vous plaît?...

SCÈNE XIII.

LES MÊMES, LE LIVRET DE L'EXPOSITION.

LE LIVRET. Présent!

TRUC, *effrayé*. Qu'est-ce que c'est que ça?...

LE LIVRET. Ça? c'est le livret... de l'Exposition.

AIR : *Je suis Figaro.*

Je suis le livret,
Conducteur parfait,
Qu'on voit toujours prêt
A vous expliquer chaque salle,
Car dans ce dédale
Nul sans le livret
Ne d'vin'rait,
L' sujet
Ni le nom d' celui qui l'a fait.
Mais, grâce au livret,
Le visiteur est
Bien sûr de son fait,
Et, moyennant un franc cinquante,
Vite il se contente
Et sort tout à fait
De l'ennui complet
Auquel, sans moi, tout le livrait.
En portraits surtout
Avec quel goût
Je vous éclaire!
Vous êtes tombé
Sur le portrait de madame B;
Mais ici
Voici
Que j'remplis mieux mon ministère,
Comme un vrai phénix
J'vous dis : Portrait du célèbre X;
Puis, quand les badauds
S' tromp'nt de numéros,
Ils m' mett'nt sur le dos
Leur bévue; est-ce donc ma faute
Si le lecteur saute
Une page en courant,
C'qui cause souvent
Un singulier rapprochement?
C' tableau, c'est une p'louse
Avec des petits moutons,
On lit lorsqu'on se blouse :
Épinards aux croûtons :
Cet autre est un homme ivre
Manquant de décorum
Tant pis! si dans mon livre
Vous lisez : pris de rhum.

TRUC. C'est pris de vin qu'il est...

REPRISE.

LE LIVRET.

Je suis le livret, etc.

TRUC. Eh! eh!... je te trouve rondelet.

LE LIVRET. Je crois bien, cette année j'ai 486 pages, sans compter un supplément...

ZÉRO. Et un dessert!...

TRUC. Tant de pages que ça... en fait de page, je n'ai que Zéro.

LE LIVRET. Par quoi veux-tu commencer? qu'aimes-tu mieux, les réalistes ou les coloristes?

TRUC. J'aime mieux les liquoristes.

ZÉRO. Et moi donc...

LE LIVRET, *à Truc*. Assieds-toi là, et regarde.

ZÉRO. Elle pourrait bien me dire aussi de regarder... Que diable! je ne suis pas un zéro...

TRUC, *à Zéro*. Viens à côté de moi... s'il y a quelques mauvais coups à attraper, je ne suis pas fâché que tu en profites.

(*Le fond s'ouvre, et on voit défiler successivement quatre tableaux dont le Livret donne l'explication.*)

TROISIÈME TABLEAU.

Les Tableaux imités.

SCÈNE XIV.

LES TABLEAUX IMITÉS.

LE LIVRET, *annonçant*. *La Léda* de Galimard.

TRUC. *La Léda*... je la trouve laide... ah!... oui...

ZÉRO. *La Léda*... j'ai... envie de lui faire signe.

TRUC. Ce sera gentil à voir quand les feuilles tomberont.

LE LIVRET. *Les Glaneuses et les Faneuses*...

TRUC. C'est gentil, mais on aurait dû leur faire une figure de l'autre côté...

ZÉRO. Ce sont des paysannes du Bas-Rhin.

TRUC. Ce sont des Normandes.

LE LIVRET. Oui.

TRUC. Je les prenais pour des biches du canton de Vaud.

LE LIVRET. *Curiosité de femme.*

ZÉRO. J'ai la curiosité de voir ça!

TRUC. Tiens! qu'est-ce qu'elle tient donc derrière son dos?

ZÉRO. Un pot!...

LE LIVRET. A l'eau!...

ZÉRO. Tiens, un bouquet.

TRUC. C'est un monsieur qui n'a pas de nez.

LE LIVRET. *Portrait* par mademoiselle Rosa Bonheur.

TRUC. Quel bonheur!

ZÉRO. Tiens, je le reconnais, c'est le mari de madame...

TRUC. Tais-toi donc, il est dans la salle.

LE LIVRET, *annonçant*. Prise de la tour Malakoff. (*Réduction du tableau d'Yvon.*)

AIR : *Simple soldat.*

C'est une page admirable, et pourtant,
Malgré l'éclat qu'elle emprunte à la gloire,
Un souvenir plus doux, sinon plus grand,
Vient à côté se placer dans l'histoire :
Le jour heureux où la paix se signa,
Jour solennel qui sécha tant de larmes.
Et maintenant, admirant ce combat,
A l'artiste, comme au soldat, } (*bis*).
L'étranger doit rendre les armes. }

TRUC. Ce Livret parle comme un livre. J'ai envie de le faire dorer sur tranche!

LE LIVRET. Non! non! je te quitte..

TRUC. Oh! et où vas-tu?

LE LIVRET. Servir de cicérone à d'autres visiteurs. Au revoir et à l'année prochaine!

TRUC. Tu seras encore ici?

LE LIVRET. Avec une nouvelle impression.

TRUC. Tu m'en laisses une assez agréable.

LE LIVRET. Si tu reviens dans un an, tu n'auras qu'à m'appeler, et tu me retrouveras

Le petit Livret,
Conducteur parfait, etc.
(*Il sort en finissant l'air.*)

SCÈNE XV.

TRUC, ZÉRO, *puis* LE LOUVRE.

(*Bruit de canon. — Un rideau de nuages descend devant les tableaux.*)

TRUC. Qu'est-ce que c'est que ça?

LE LOUVRE, *en vieillard misérable*. Le canon qui vous annonce l'inauguration du nouveau Louvre.

ZÉRO. On ne peut rien vous faire.

LE LOUVRE. Vous prenez le vieux Louvre pour un misérable... C'est juste, avec ses baraques du Carrousel, ses marchands d'oiseaux et ses vendeurs d'estampes... Ce n'était qu'un repaire de mendicité... Regardez ce que le génie et la volonté ont fait de moi...

(*Le vieillard change instantanément de costume, et devient splendide et brillant, pendant qu'au même moment le bâtiment du nouveau Louvre, orné de statues, apparaît au fond du théâtre. Un grand nombre de personnages se groupent à droite et à gauche.*)

QUATRIÈME TABLEAU.

Le nouveau Louvre.

SCÈNE XVI.

LE NOUVEAU LOUVRE.

TRUC. Que vois-je?...

ZÉRO. Que voyons-nous?

LE LOUVRE. Le nouveau Louvre, dont je suis l'âme...

AIR : *Ne raillez pas la garde citoyenne.*

Le nouveau Louvre et sa face nouvelle
Du monde entier ont déjà fait le tour.
Mon monument, c'est la gloire immortelle
Des souverains qui m'ont donné le jour!
Je suis pour tous le temple de mémoire
Où de l'État les hauts faits sont inscrits,
Et sur le marbre on burina l'histoire
De ces grands noms, orgueil de mon pays!
Ils sont tous là, peintre, sculpteur, poëte,
Ces ouvriers du cœur et de l'esprit.
Ils sont tous là, levant bien haut la tête,
Dans ce palais que pour eux l'on bâtit.
Sur ses frontons ma demeure princière
Leur donne abri pour la première fois.
Louis XIV est auprès de Molière,
Et Jean Goujon à côté d'Henri III.
On ne voit plus dans cette enceinte immense
Que le repos, la paix et le bonheur.
Le nouveau Louvre a prouvé que la France
A pour soutien un ferme et noble cœur;
Honneur au Louvre! Honneur au vrai génie
Qui l'acheva dans toute sa splendeur!
Les souverains toujours d'un œil d'envie
Contempleront ce merveilleux labeur!
Ils comprendront que le siècle où nous sommes
Doit mettre au jour plus d'un illustre nom.
Ils se diront : Pour loger leurs grands hommes
Ils n'avaient pas assez du Panthéon.
Le nouveau Louvre, etc.

REPRISE DE CHŒUR.

(*Le fond du théâtre s'illumine. Le Louvre apparaît dans tout son éclat. Au milieu, le personnage de la France. A ses pieds sont groupées les Muses de la Poésie, la Sculpture, la Peinture et l'Histoire. Chacun se prosterne.*)

FIN DU PREMIER ACTE.

ACTE DEUXIÈME.

CINQUIÈME TABLEAU.

Les Halles centrales.

Le théâtre représente l'intérieur des Halles centrales. — Comptoirs en marbre, — le premier chargé de poissons; le second de légumes; le troisième de beurre.

SCÈNE PREMIÈRE.

TOINETTE, TOINON, DEUX CUISINIÈRES, UN INSPECTEUR.

CHŒUR.

AIR *des Puritains.*

Oui, les halles
Centrales
N'auront jamais, jamais d'égales!
Oui, les halles
Centrales
Sont désormais
De vrais palais.

L'INSPECTEUR.

Oui, ce luxe admirable
Enfonce l'ancien temps;
Je trouverais coupable
De pleurer le marché des Innocents.

TOINETTE.

Ah! quel beau bâtiment!
C'est presque un monument;
Dans ce local immense
La bourse entière danse.

TOINON.

Mais, au premier abord,
On se dit : Qu'est-ce encor?
Est-ce un ja: din d'hiver?
Est-ce un' gar' de ch'min de fer?

REPRISE.

Oui, les halles, etc.

TOINETTE. C'est magnifique, mais ça a son vilain côté...

L'INSPECTEUR. Lequel?

TOINETTE. C'est que nos bourgeoises, qui hésitaient à venir dans un marché malpropre, veulent maintenant nous accompagner ici... Elles disent : Je vais à la halle, comme elles disent : Je vais dans le monde.

L'INSPECTEUR. Le fait est que vos halles sont dignes de recevoir la meilleure société.

TOINON. Pour ma part, si madame s'avise de faire son marché avec moi, je lui donne ses huit jours.

LES CUISINIÈRES. Moi aussi! moi aussi...

L'INSPECTEUR. Pas si haut, mesdemoiselles.

TOINON. Un cordon bleu a droit à des faveurs.

L'INSPECTEUR, *grosse voix.* Silence! nous ne sommes pas ici à la halle à la volaille!

TOINETTE. Ce n'est pas une raison pour l'avaler.

TOINON. Ah! mesdemoiselles! mesdemoiselles!

TOUTES. Quoi donc? quoi donc?

TOINON. Regardez un peu ces deux traiteurs qui arrivent.

TOINETTE. Eh bien! ils viennent aux provisions.

TOINON. Mais que diable portent-ils sur leur dos?

TOINETTE. Chacun un homme... Quelle drôle d'idée!...

TOINON. Les voilà! nous allons savoir...

SCÈNE II.

LES MÊMES, TRUC, ZÉRO, *portés par deux Garçons traiteurs;* DEUX FROTTEURS.

ENSEMBLE.

AIR : *Mules du Basque.*

Eh! hue! et dia,
Jamais je ne jure.
Eh! hue! et dia,
On ne vit, oui-dà,
Pareille monture :
Quelle est cette cavalcade-là?...

L'INSPECTEUR. Que signifie?..

PREMIER GARÇON. Cela signifie que ces messieurs nous ont forcés de les amener sur nos épaules.

L'INSPECTEUR. Veuillez descendre; on ne se permet pas de pareilles plaisanteries dans un endroit comme celui-ci.

TRUC. Ne bouge pas, Zéro, je suis à cheval sur mon droit... Monsieur l'employé, souffrez que je vous explique ce califourchon en partie double.

L'INSPECTEUR. Je le souffre, mais descendez.

TRUC. Vous l'exigez? (*Ils descendent.*)

ZÉRO. Nous vous obéissons, d'autant plus que ça m'a donné une courbature.

TRUC. Nous venions, Zéro et moi... ou plutôt moi et Zéro, pour le remettre à sa place, nous venions, dis-je, d'admirer le nouveau Louvre... après quoi nous étions entrés chez un traiteur.

L'INSPECTEUR. Dites restaurateur...

TRUC. Gargotier. A peine sortions-nous des portes du gargot, que le chef de l'établissement ordonne à ces deux garçons d'aller à la halle. Nous avions précisément envie de visiter cet établissement, je me dis : suivons-les.

AIR : *A genoux.*

Venez ici, garçon de salle,
A mes vœux rendez-vous, oui-dà.
Puisque vous allez à la halle,
Veuillez me servir de dada.
Le garçon fait le difficile,
Je lui montre, sans hésiter,
Sur son enseigne : *On porte en ville,*
Et je l'oblige à me porter. } (*bis*).

ZÉRO. Moi, ibidem, en qualité d'aide de camp du roi Truc.

TRUC. Enfin nous voilà donc aux halles centrales.

L'INSPECTEUR. Avez-vous essuyé vos pieds au paillasson avant d'entrer?...

ZÉRO. Puisque nous sommes venus à dada sur mon bidet, quand il trotte...

L'INSPECTEUR. C'est juste... la halle étant métamorphosée en palais, est parquetée comme un salon.

ZÉRO. C'est z'évident.

L'INSPECTEUR. Vous dites?...

ZÉRO. Je dis que c'est z'évident...

L'INSPECTEUR. Ayez l'obligeance de mieux parler... nous ne sommes pas ici à la halle aux cuirs.

TRUC. Et les poissardes?...

L'INSPECTEUR. Chut!...

TRUC. Les femmes de la halle?...

L'INSPECTEUR. Chut! les dames de la centrale.

TRUC. Ah! bon. Où sont-elles?

L'INSPECTEUR. A leur toilette... Ces dames ne viennent plus à leurs places qu'à onze heures. (*Bruit de cloches.*) Justement voici l'ouverture du marché. Allons, mesdames, aux provisions.

TOUTES. Aux provisions...

ENSEMBLE.

AIR : *Tirelire.*

Puisque la vente commence,
Allons faire notre achat,
Nous ne f'rons pas danser l'anse,
L'anse du panier... c'est le chat.

LES DEUX FROTTEURS *entrant.*

Nous venons frotter la halle,
Que l'ouvrage soit bien fait,
Et si le parquet est sale
Craignons une plaint' au parquet.

REPRISE.

Puisque la vente commence, etc.

(*Elles sortent, moins Truc Zéro, et les deux Frotteurs.*)

SCÈNE III.

TRUC, ZÉRO, DEUX FROTTEURS.

(*Les deux Frotteurs se mettent à la besogne.*)

ZÉRO. Comment! on frotte la halle?

TRUC. Dam! puisque le carreau de la halle est un parquet.

ZÉRO. Quelle poussière... (*Il tousse et crache.*)

PREMIER FROTTEUR. Ne crachez donc pas par terre, malpropre!

DEUXIÈME FROTTEUR. Vous ne voyez pas qu'il y a des crachoirs?...

ZÉRO. Sapristi! comme c'est tenu!

PREMIER FROTTEUR, *au deuxième Frotteur.* Cire!...

TRUC. Je suis reconnu, mon incognito est dévoilé.

ZÉRO. Comment ça?

TRUC. Le frotteur a dit : Sire.

ZÉRO. Mais non! il a dit à son camarade de cirer. (*Les deux Frotteurs s'éloignent en continuant de cirer et de frotter.*)

TRUC. Aïe! j'ai failli choir.

ZÉRO. Il est plus difficile de glisser sur le parquet que sur la glace... Soyez distingué, sire, voici des dames.

TRUC. Des dames! je suis sûr d'être distingué par elles.

SCÈNE IV.

TRUC, ZÉRO, UNE MARCHANDE DE POISSON, UNE MARCHANDE DE VERDURE, UNE MARCHANDE DE BEURRE. (*Toilettes excentriques, luxe outré. Trois laquais les suivent.*)

LES TROIS FEMMES.

AIR : *Galatée.*

Ah! douce ivresse!
Comme on s'empresse
A me fêter,
A me gâter!
En ce séjour je suis maîtresse.
A moi
Ce vrai palais du roi!

LA MARCHANDE DE POISSON. Malgré tout notre bonheur, chère dame, j'ai un chardon dans mes roses... Impossible de marier ma fille...

LA MARCHANDE DE BEURRE. Pauvre Verdurette!...

LA MARCHANDE DE VERDURE. Ce n'est pas ma faute, maman ne me donne que deux cent mille francs de dot.

TRUC, *bas.* Ce sont des duchesses qui viennent visiter la huitième merveille du monde.

ZÉRO, *bas.* Présentons-leur nos hommages?

TRUC. J'y pensais... Suis-moi, tu es mon Zéro d'armes.

ZÉRO. Sire!

TRUC, *saluant.* Mesdames!...

LES TROIS FEMMES, *faisant la révérence.* Messieurs!

TRUC. Agréez nos hommages.

LA MARCHANDE DE POISSON. Nous les agréons.

LA MARCHANDE DE BEURRE. Ces messieurs désirent quelque chose? j'ai du beurre magnifique... beurre de Gournay, beurre d'Isigny, beurre de Bretagne!

TRUC. Quoi! vous êtes...?

LA MARCHANDE DE BEURRE. Marchande de beurre!

ZÉRO. Il paraît que celle-là fait son beurre!

TRUC. Je ne vous aurais pas prise pour une marchande... à la toilette...

LA MARCHANDE DE VERDURE. Marchande de verdure!

LA MARCHANDE DE POISSON. Marchande de poisson!

ZÉRO. Vous êtes des dames de la halle?

LA MARCHANDE DE BEURRE. Des grandes dames de la halle.

TRUC. Je n'en reviens pas.

LA MARCHANDE DE POISSON. Je conçois votre étonnement, mais vous comprendrez parfaitement que nous avons dû prendre un costume et un langage en harmonie avec notre nouveau palais. Voyons, messieurs, daignez, s'il vous plaît, nous faire l'honneur de réaliser quelques achats à nos comptoirs. (*Elles se placent à leurs comptoirs.*)

ENSEMBLE.

AIR : *Voulez-vous des bijoux.*

Visitez (*bis*)
Ma galerie,
Achetez (*bis*)
On vous en prie,
Ah! ah! ah! ah!
Ce qui vous plaira.
Ah! ah! ah! ah!

REPRISE ENSEMBLE.

Visitons, etc.

SCÈNE V.

LES MÊMES, UN FORT DE LA HALLE, *en habit noir, gilet blanc, cravate blanche, gants et bottes vernies.*

LE FORT. Mesdames, avez-vous besoin de mes services? trop heureux de les mettre à votre disposition.

TRUC. Quel est ce monsieur en habit noir et cravaté de blanc?

ZÉRO. Un homme du monde qui fait son marché.

LA MARCHANDE DE POISSON, *au Fort.* Ces messieurs n'ont encore rien acheté, veuillez attendre.

TRUC. Que diable peut être ce particulier si bien mis?

AIR *des Bossus.*

Souliers vernis, gants bancs et chaîne d'or!
LE FORT.
De deviner ne faites pas l'effort,
Car bien longtemps vous chercheriez à tort.
ZÉRO.
C'est un notaire ou bien un croquemort.
LE FORT.
Je suis fort de la halle!
TRUC.
C'est trop fort!...

(*Parlé.*) Un fort de la halle en toilette de soirée...

ZÉRO. Toujours pour avoir une tenue à la hauteur des nouvelles halles centrales.

LE FORT. Et l'homme répond au costume, je vous prie de le croire.

TRUC. Seriez-vous bachelier?

LE FORT. Bachelier ès beurre.

LA MARCHANDE DE POISSON, *à Truc.* Eh bien! vous n'achetez rien?

TRUC. Ma foi, j'aime assez le poisson, je vais faire des affaires avec madame... Je vais m'empoisonner.

ZÉRO. Grand Dieu!

TRUC. Non, m'empoissonner.

LA MARCHANDE DE POISSON. Regardez quelle marchandise!... est-ce beau? est-ce magnifique? Quels résultats nous avons obtenus, grâce aux...

TRUC. Comment! Grassot? du Palais-Royal?

LA MARCHANDE DE POISSON. Grâce au progrès de la pisciculture.

TRUC. Vous pisciculturez?

LA MARCHANDE DE POISSON. Il le faut bien!...

ZÉRO. Ça doit vous coûter beaucoup de frais.

LA MARCHANDE DE POISSON. Les marchandes de poisson sont si riches... Je suis propriétaire au coin du passage du Saumon... A la halle, c'est moi qui donne le ton.

TRUC. Sans compter que vous êtes faite au moule.

LA MARCHANDE DE POISSON. Eh bien! vous ne me faites pas la grâce de m'étrenner?... (*Fredonnant le cri des marchandes de plaisir.*) Merlan à frire, à frire...

TRUC. Une sirène qui vend du merlan... (*Flairant.*) Hum!...

LA MARCHANDE DE POISSON. Quoi donc?

TRUC. Ce poisson...

LA MARCHANDE DE POISSON. Parlez! la franchise avant tout.

TRUC. Il date de la pêche miraculeuse.

LA MARCHANDE DE POISSON. Hein?

TRUC. Le roi des mers ne me paraît pas frais... le roi des merlans ne me paraît pas de la première jeunesse.

LA MARCHANDE DE POISSON. Qué qui chante donc, le fiston?

TRUC. Plaît-il?

LA MARCHANDE DE POISSON. Pardon, monsieur, pardon... un éclair de mauvaise humeur. Croyez bien que je n'ai pas eu l'intention de vous offenser... Veuillez recevoir mes excuses très-humbles... la nature qui a repris un instant le dessus.

ZÉRO. La caque sent toujours le hareng.

LA MARCHANDE DE POISSON. Lui aussi!... Ah! ils m'embêtent à la fin, ces paroissiens-là... Je veux mon parapluie en plein vent et mon étagère... au moins, on avait le droit de dire leur fait à des pistolets de ce calibre-là. (*Elles retirent leur robe et paraissent vêtues en poissardes.*)

TRUC. Pistolets!... Je vous somme de ménager vos paroles, harengère!...

LA MARCHANDE DE POISSON. Harengère?

ZÉRO. Il vous appelle harengère parce que vous vendez du merlan.

LA MARCHANDE DE POISSON. As-tu fini, mon bibi? avec ton air d'ahuri, ton œil de merlan frit et tes raisonnements d'abruti!...

LA MARCHANDE DE VERDURE. Un tas d' panés qu'ont l' teint fané, les r'gards étonnés et qui n'ont pas de nez.

TRUC. Dites donc, la belle, malgré vos dentelles et vos robes en brocatelles, vous avez une fière crécelle... Tiens! voilà que je parle comme elles.

LE FORT. Des propres à rien!...

LA MARCHANDE DE VERDURE. Des monteurs de coups!...

TRUC. Encore?...

LA MARCHANDE DE POISSON. Attendez un peu, mes bichons, on va vous mettre les points sur les *i*, les poings sur les z'hanches... et peut-être aussi les poings sur les yeux.

AIR : *la Bavarde* (HENRION).

R'gardez-moi donc c'te frimousse.
MARCHANDE DE BEURRE.
Dévisagez-moi c' coco.
MARCHANDE DE VERDURE.
A-t-il z'un physiq' qui r'pousse!
LE FORT.
Qué vieux sou de Monaco!
MARCHANDE DE POISSON.
C'est laid comme les sept péchés :
Tous deux devraient être cachés.
MARCHANDE DE BEURRE.
Veux-tu t' sauver, vieux grigou!
Veux-tu rentrer dans ton trou!
MARCHANDE DE VERDURE.
La halle en primeurs abonde,
C' n'est pas pour ton fichu nez...
LE FORT.
Ça marchand' l' pauvre monde,
Et ça n'est qu'un tas d' panés.
MARCHANDE DE BEURRE.
Reste là, vieux paltoquet,
Tu r'cevras tout ton paquet.
MARCHANDE DE POISSON.
La marchande, qui voit ton but,
Avec aplomb te dit zut!...
TRUC.
Mais laissez-moi donc,
Enfin, ça me lasse.
ZÉRO.
Ça n'a pas de nom,
Je demande grâce.
MARCHANDE DE BEURRE.
Qué r'gards de travers!
Monsieur s'indispose...
MARCHANDE DE POISSON, *lui mettant un poisson sous le nez.*
Respirez quéqu' chose...
Monsieur a ses nerfs.
TRUC.
Finissez... sinon,
J'appelle et riposte.
MARCHANDE DE POISSON.
Bibi voudrait donc
Nous faire mettre au poste?
C'est toi, mon gros rat,
Toi qu'on emball'ra.

ENSEMBLE.

J' veux qu'on t' mette à l'ombre, (*cinq fois*)
Va-t'en, ou sinon,
On t' fourre au violon;
Va-t'en, vieux concombre!
Va-t'en, vieux melon!
Ne r'viens plus ici,
Merci,
Non, non, non, non, non, non, non, non,
Vieux m'lon!...

SCÈNE VI.

LES MÊMES, LA FONTAINE DES INNOCENTS.

LA FONTAINE. Ah! mon Dieu! quel bruit! quel vacarme!...

LA MARCHANDE DE POISSON. Tiens! la fontaine des Innocents! Que venez-vous faire ici, ma belle?

LA FONTAINE. Mettre le holà!

LA MARCHANDE DE POISSON. Vous feriez bien mieux de laver la tête à ces deux malappris...

LA FONTAINE. Leur laver la tête!... il faudrait que j'eusse de l'eau, et les fontaines de Paris sont à sec.

LA MARCHANDE DE BEURRE. Pourquoi?

LA FONTAINE. La trop grande chaleur... la sécheresse... et malgré cela je trouve moyen de verser quelques pleurs sur mon sort.

LA MARCHANDE DE POISSON. De quoi vous plaignez-vous?

TRUC. Encore une fontaine qui murmure!

LA FONTAINE. Avoir vécu si longtemps glorieuse et tranquille au milieu des vieilles maisons, au centre desquelles je brillais comme un chef-d'œuvre, et me voir écrasée maintenant par le luxe des Halles centrales!... Je n'ai plus, pour me consoler, que mes souvenirs... je vous fais grâce du charnier des Innocents et du pilori des halles; mais, sous Louis XV :

AIR : *Madame Grégoire.*

Voyez ce luron,
Avec son habit d'écarlate,
Il a l'air tout rond,
Mais ne tombez pas sous sa patte,
Il s'en va triomphant,
Gaîment, apostrophant
Les revendeuses, les poissardes.
Allons! mettez-vous sur vos gardes,
Franc et décidé,
C'est le joyeux Vadé!

ENSEMBLE.

Franc et décidé,
C'est le joyeux Vadé!

Sous l'Empire, autre genre de réjouissance :

AIR : *Et gai, gai, gai.*

Eh! gai! gai! gai! gens de Paris
A la gloire
Il faut boire!
Eh! gai! gai! gai! mes p'tits
Amis,

Tout Paris
Sera gris.
Puisez à la fontaine
Des Innocents, soudain,
Au lieu d'eau, quelle aubaine!
Elle donne du vin.

REPRISE.

Eh! gai! gai! gai! etc.
Au vin l'eau pourra, j'pense,
S' mélanger; en tous cas,
Lorsqu'il a d' l'abondance
L' peupl' ne se plaint pas.

REPRISE.

Eh! gai! gai! gai!

Mais mon souvenir le plus glorieux :

AIR : *Sentinelle.*

Non loin de moi, saluez en passant
Une maison près des piliers des halles;
C'est là qu'est né l'homme le plus puissant
Que le théâtre ait eu dans ses annales.
Fécond génie, intarissable auteur,
La comédie est en lui tout entière;
Poëte, immortel créateur,
Il n'a pas eu d'imitateur.
Le monde entier n'a qu'un Molière!
Gloire à Molière!...

REPRISE.

Poëte, immortel... etc.

ZÉRO. Elle paraît aimer singulièrement Molière...

TRUC. Molière et la Fontaine s'aimaient beaucoup...

LA FONTAINE. Eh bien! mes enfants, maintenant que j'ai rétabli l'harmonie entre vous, je me sauve.

TRUC. Allons, bon! la Fontaine qui fuit!

LA MARCHANDE DE POISSON. Et vous allez?

LA FONTAINE. A la Seine.

TRUC. L'eau va toujours à la rivière...

LA FONTAINE. C'est ce qui vous trompe... pour l'instant, Paris est sans eaux. Si vous tenez à le vérifier... suivez-moi.

TRUC. Allons-y!...

ZÉRO. Allons-z-o!...

TRUC. O fontaine! je voudrais couler mes jours auprès de vous.

CHŒUR.

AIR : *Pas de Nonnes.*

Ah! n'hésitez / n'hésitons pas,
Suivons / Suivez ses pas,
Partons / Partez vite à la course,
Remontons à la source
De ses embarras,
Allons! n'hésitons pas.

TRUC.

Elle peut vraiment
Nous mettre au courant!

REPRISE.

Ah! n'hésitons pas, etc.

SIXIÈME TABLEAU.

Paris sans eau!

Le théâtre représente l'intérieur d'une grotte.

SCÈNE VII.

LE SEAU, LE PONT NEUF.

LE SEAU, *frappant à la porte.* Ohé! à la boutique!

LE PONT NEUF, *sortant à gauche.* Qu'y a-t-il donc?

LE SEAU. A la boutique, s'il vous plaît!

LE PONT, *ouvrant.* Ah! c'est toi!

LE SEAU. Oui, c'est moi, le Seau!

LE PONT. Mon pauvre Seau, qu'est-ce que tu viens faire?...

LE SEAU. Je viens m'emplir... chercher de l'Eau...

LE PONT. De l'Eau! quelle prétention!... Hélas! notre reine madame la Seine n'en a même plus pour ses besoins personnels.

LE SEAU. Bah!... pas le plus maigre filet d'Eau!...

LE PONT. A sec! les grandes chaleurs l'ont desséchée...

LE SEAU. Mais alors, s'il n'y a plus d'eau, comment vont faire les marchands de vins?

LE PONT. Elle a baissé, depuis trois mois, tu n'as pas idée de cela... et nous autres, les Ponts, elle a découvert nos pieds d'une manière si indécente que le pont Notre-Dame n'ose pas se montrer, tant il est mal chaussé.

LE SEAU. Et moi, donc! si vous saviez toutes les humiliations qu'on me fait endurer!...

AIR *d'Henri Potier.*

Je suis un meuble utile,
Doux, patient, docile,
Et chacun, en tout lieux,
Me nargue à qui mieux mieux.
Le seau sur cette terre
Est comme le melon :
Aimant son caractère
On méprise son nom.
Oh! oh! oh! oh! mon pauvre seau,
Ton sort n'est ni brillant ni beau!
Oh! oh! oh! oh! mon pauvre seau,
Tu supportes plus d'un assaut.
Faites une bêtise,
Faites un mauvais mot,
Dites une sottise,
Crac! on vous nomme seau!
Seau, toujours seau.
C'est un fléau;
Tous, sur ma foi,
Sont contre moi.
Plaignez mon lot.
Quel quiproquo!
Hélas! bientôt,
Le pauvre seau,
Ira se retirer à Sceaux.
Ah! ah! ah! ah!
Quel chagrin j'ai là!
Ah! ah! ah! ah! ah! ah!
Qui me consolera?
Ah!

LE PONT. C'est la faute de la langue française... Mais, chut! voici madame la Seine... elle va te dire elle-même dans quel état nous sommes.

SCÈNE VIII.

LES MÊMES, LA SEINE, LE PONT SAINT-MICHEL, LE PONT DES ARTS.

AIR *de M. Millet.*

CHŒUR.

La Seine,
La Seine,
Hélas! a tous les malheurs.
Sa peine,
Sa peine
Nous arrache aussi de pleurs.

LA SEINE.

Plaignez-moi, mes pauvres ponts.

TOUS.

Plaignons!

LA SEINE.

Pleurez sur mon fond sans fonds.

TOUS.

Pleurons!

LA SEINE.

Hélas! pour moi, quel échec!
Chaque humain,
Oh! chagrin!
Sur moi, soir et matin,
Marche à sec, à sec.

CHŒUR.

La Seine, etc.

LA SEINE. Eh bien! mes pauvres enfants...

LE PONT SAINT-MICHEL. Baisse encore! le thermomètre marque cinquante degrés.

LA SEINE. Cinquante degrés! c'est à en étouffer... de rage... Est-ce que ça va durer longtemps comme ça?

LE SEAU. C'est la première fois que ça vous arrive...

LA SEINE. De cette année?... oui... ma cruche s'est vidée comme avec le secours de Robert-Houdin... (prononcez Hamilton). Les Parisiens sont aux abois... ils m'injurient, comme si c'était ma faute... Je suis bien assez punie de ce manque d'eau, car... faut-il vous l'avouer?...

LE SEAU. Avouez-l'...

LA SEINE, *confidentiellement.* Eh bien! voilà deux jours que je ne me suis pas débarbouillée...

LE SEAU. C'est dégoûtant.

LA SEINE. Et pas la plus petite pluie... toujours ce gueux de soleil qui me boit, qui me boit... c'est pas possible, il deviendra hydropique, ou alors c'est à croire qu'il en fait un commerce.

LE SEAU. Il s'est peut-être fait porteur d'eau!

LA SEINE. Et comme on me tourmente, comme chacun crie après moi! la Seine par ci!... la Seine par là!... enfin on me fait tant de scènes que je finirai par ne plus être saine... d'esprit. (*Cris au dehors.*) Et tiens, je parie que voilà encore des buveurs d'eau... oh! c'est à s'en arracher les herbes de la tête!...

SCÈNE IX.

LES MÊMES, LA CARAFE, LA FONTAINE, LE VERRE, LE BAIN FROID, LE POT, LE BOUILLON.

CHŒUR.

AIR : *de Costel.*

C'est bien assez languir,
La gente parisienne
Ne peut plus y tenir,
Et, madame la Seine,
Vous nous voyez venir
Vous crier, hors d'haleine :
La soif nous prend,
Affreux moment!
Sauvez-nous promptement :
De l'eau, de l'eau, vite de l'eau!
Il nous en faut,
Et le plus tôt!
De l'eau, de l'eau, vite de l'eau!
Nous en demandons un tonneau.
De l'eau, / De l'eau, } (*bis*)
De l'eau par tombeau!

LA SEINE. Votre demande est juste mais intempestive, car je suis encore moins favorisée que l'Alphabet, puisque je manque d'eau; et puis, qui êtes-vous?...

LA CARAFE. Qui nous sommes?...

Suite de l'air.

A mon aspect brillant
Je puis, sans biographe,
Vous apprendre à l'instant
Que je suis la Carafe;
Mon cristal transparent,
Voilà mon seul paraphe;
De tous les temps,
Petits et grands,
Boivent à mes dépens.
Mais à quoi me sert mon goulot
Si je n'ai pas le moindre flot?
Mon intérieur va rester sot,
L'on me dédaignera bientôt...
De l'eau, / De l'eau, } (*bis*)
Ou je cours au caveau!

TOUS.
De l'eau! (*bis*)
LA FONTAINE.
Vous me connaissez bien,
Moi je suis la Fontaine.
LE VERRE.
On me tient dans la main
Quand la bouteille est pleine,
Je suis le Verre enfin...
LE POT.
Moi, madame la Seine,
Je suis moins beau,
Mais le château,
Ainsi que le hameau,
Me reconnaissent aussitôt
Et ne disent jamais tout haut
Mon nom, qu'on fuit comme un gros mot,
Pourtant je ne suis que le Pot,
Le Pot, } (*bis*)
Le Pot, }
Qui ne vit plus sans eau,
De l'eau, } (*bis*)
De l'eau }
Ou vous tuez le Pot!
TOUS.
De l'eau, etc.

LA SEINE. De l'eau! de l'eau! oh! les Savoyards!

LA CARAFE. A quoi voulez-vous que je serve? si la carafe est vide, on va la briser.

LA FONTAINE. La Fontaine ne va plus être qu'une fable.

LE VERRE. Si vous m'abandonnez, je vais devenir un verre solitaire.

LE POT. Et moi! je resterai pot comme devant.

LA SEINE. Mais, mes pauvres enfants, je ne puis rien y faire; remplacez-moi par le vin.

LE POT. Merci, il y en a trop cette année... moi, le pot, je ne veux pas être un pot de vin... Ah! nous sommes dans une jolie position...

LA SEINE, *au bouillon*. Et vous? qui êtes vous? avec votre mine frileuse?...

LE BOUILLON, *piteusement*. Je suis le Bouillon du boulevard du Temple... le Bouillon qui écume...

LA SEINE. Le Bouillon, vous avez l'air gelé!

LE POT. Et maigre... il n'a pas l'air d'un bouillon gras!...

LE SEAU. Pauvre Bouillon! votre ruine est consommée.

LE BOUILLON. C'est pour cela que j'accours chercher de l'eau... je regrette bien d'avoir quitté mon pays natal, la Grèce. Ici je travaille comme un bœuf!... je ne gagne même pas de quoi faire bouillir la marmite... et pour surcroît de malheur, je manque de cette eau qui me sert si bien à allonger ma sauce... on a l'air de ne pas faire attention à moi parce que ma société n'est pas encore très-choisie, mais, avec le temps, j'aurai d'autres quartiers...

LE SEAU. D'autres quartiers de viande?...

LE BOUILLON. Non, d'autres quartiers que le boulevard du Temple...

LE POT. Oh! vous avez l'air trop pot-au-feu!

LE BOUILLON. Qu'importe? est-ce que le bouillon n'est pas universel?

AIR : *Ah! que j' sis coureur!* (HENRION.)

Je suis le Bouillon,
Aliment de toute saison;
Bouillon
Toujours bon,
Faisant l'œil à tous sans façon.
Je suis le Bouillon,
A l'estomac donnant du ton.
Dans chaque maison
On
Sert mon bouillon.

Du bouillon que font
Les restaurants on rit sans cesse,
Pourtant le bouillon
Va de la mansarde au salon!
On boit un bouillon
En jouant à la hausse, à la baisse,
L'eau sur des charbons
Embrasés bout à gros bouillons.
La manche à bouillon
De nos jours est encore de mode.
Il pleut, que dit-on?
Gare! il va tomber du bouillon.
Un certain Purgon,
Médecin jadis peu commode,
Donnait des bouillons....
Nous connaissons
Godefroy d' Bouillon.

Je suis le Bouillon, etc.

LA SEINE. Que voulez-vous que j'y fasse, mon pauvre Bouillon? votre sang bouillonne, je le vois bien.. imitez les autres... attendez!...

LE BOUILLON. Ah! je puis dire que je n'ai comme bouillon point eu... de chance.

LA SEINE, *au Bain froid*. Et toi, tu ne dis rien, mon fidèle Bain froid?

LE BAIN FROID. Je suis accablé, je me noie dans mes pleurs!... mes garçons de cabinet avalent leurs perches! plus d'eau... au lieu des modestes quatre sous que je prenais d'entrée, j'exige des sommes fabuleuses. Hier un Anglais m'a offert soixante mille francs pour prendre un bain de pieds.

LE POT. Les bains de pieds des petits verres sont meilleur marché...

LE BAIN FROID. Bref, tous mes clients se baignent sur les cailloux; il y en a deux chez moi, en ce moment, qui se font verser des petits verres sur les mains pour apprendre à nager... Ah! c'est à en manger ses caleçons.

ZÉRO *et* TRUC, *au dehors*. Garçon de cabinet!... garçon de cabinet!...

LE BAIN FROID. Les entendez-vous? les malheureux... ils demandent où est le bain.

TRUC. Garçon... où a-t-on pied?

SCÈNE X.

LES MÊMES, TRUC, ZERO, *en peignoirs*.

TRUC, *paraissant à la porte*. Garçon de cab... oh! pardon, messieurs, la compagnie, le bain de Ligny, sans vous commander?...

LE BAIN FROID. Il est déménagé, il habite le Rhône maintenant. Entrez donc, vous n'êtes pas de trop.

TRUC. Vous êtes bien aimable; c'est que nous sommes dans un costume un peu... Cupidon... Entre, mon garçon.

ZÉRO, *entrant*. Est-ce que je n'ai pas bu un coup?...

TRUC. Non, tu es toujours à sec.

ZÉRO, *regardant la grotte*. Quelle drôle de cabine!... où sommes-nous donc?

LA SEINE. Chez moi... la Seine...

TRUC. La Seine de Paris?... C'est drôle, ça... A Lyon, ils prononcent la Saône...

ZÉRO, *regardant les diamants qu'elle a au cou*. Pour un fleuve, vous avez là une jolie rivière.

LA SEINE. Oui, ils sont d'une belle eau... Ces messieurs se baignaient?

TRUC. Oui, belle rivière... mon ami et moi, nous avions la folle ambition de piquer une tête sur la vôtre...

LA SEINE. Je suis descendue depuis quelques jours dans mes caves... je suis sans eau...

TOUS. Oh!

TRUC. Sans eau! avec tant de grâce!...

LA SEINE. Je fais concurrence au Mançanarès pour la sécheresse.

TRUC. Qu'allons-nous devenir?

TOUS. Oui, qu'allons-nous devenir?...

AIR *des Carrières Montmartre*.

PREMIER COUPLET.

LA CARAFE.
Le ver' d'eau, dans peu de temps,
Du train dont ça nous mène...
TOUS.
Le verr' d'eau, etc.
LA CARAFE.
Coûtera dix mille francs.
Le bain froid cent mille francs,
Puisque maintenant,
Quel désagrément!
N'y a plus d'eau dans la Seine!

DEUXIÈME COUPLET.

LA SEINE.
Toute glace a disparu,
Tortoni s'en démène.
TOUS.
Toute glace, etc.
LA SEINE.
Heureusement, c'est connu,
Il en reste à l'Ambigu.
Mais voyez pourtant,
Quel désagrément!
N'y a plus d'eau dans la Seine!

TROISIÈME COUPLET.

TRUC.
Au Vaud'ville, c' qui m' fait frémir,
C'est l' rôl' de la Fontaine.
TOUS.
Au Vaud'ville, etc.
TRUC.
Car, s'il venait à partir,
Qu'est-ce qui pourrait le remplir?
Puisque maintenant,
Quel désagrément!
N'y a plus d'eau dans la Seine!

QUATRIÈME COUPLET.

ZÉRO.
Moi, je vous en fais l'aveu,
Je demand' qu'on obtienne...
TOUS.
Zéro nous en fait l'aveu, etc.
ZÉRO.
Que les actrices, morbleu!
Engraissent toutes un peu,
Pour que, malgré tout,
L'on dise partout :
N'y a plus d'os sur la scène!...

LE BAIN FROID. Comment faire pour sortir de là?

LA SEINE. Ah! arrêtez... arrêtez!... au secours! (*Un litre sort de sa poche et s'envole.*) Mon dernier litre d'eau que je gardais pour la *Frégate-Ecole*... le soleil me le pince... encore!...

ENSEMBLE.

AIR : *Me voilà! me voilà!*

Qu'il fait chaud! (*ter*)
Je transpire,
De chaleur j'expire!
Qu'il fait chaud! (*ter*)
Tous, hélas! bientôt, nous fondrons en eau!
LE POT.
J'ôterais bien, vraiment!
Quelque vêtement...
LE BAIN FROID.
Habits superflus,
Nous serions mieux nus!
TRUC.
Je voudrais pouvoir
Oter mon peignoir.
ZÉRO.
Moi, je voudrais être arrosoir.

REPRISE.

LA SEINE. Mais quand la pluie viendra-t-elle à la fin? (*Bruit de pluie.*) Ah! ce bruit...

LE BAIN FROID. Quel vacarme rafraichissant!

ZÉRO. Il m'est tombé une goutte d'eau sur le nez!

TRUC. C'est peut-être un oiseau qui vient de dîner en ville...

LA SEINE. Non, c'est la Pluie... elle a entendu nos cris.

TRUC. Des parapluies! vite des parapluies!

CHŒUR.

AIR : *Il pleut, il pleut, bergère.*

LA SEINE. Enfants, retournons tous reprendre nos fonctions humides.

LE BAIN FROID. Je vais ouvrir mon bain froid... chaud!... chaud!...

LA FONTAINE. La Fontaine retourne à la cuisine!...

LA CARAFE. La Carafe sur la table...

LE POT. Et le Pot sur l'étagère.

TRUC. Eh bien! Zéro... viens-tu? suivons le monde.

ZÉRO. Fermez donc votre... mais où voulez-vous courir?... nous allons nous faire tremper...

TRUC. Eh bien, nigaud!... c'est justement ça! il est six heures... allons nous faire tremper une soupe!...

REPRISE DU CHŒUR.

Qu'il fait chaud! etc.

(*Ils sortent en courant et en ouvrant des parapluies énormes.*)

SEPTIÈME TABLEAU.

Une chambre rue de la Lune.

Le théâtre représente une chambre de l'hôtel de la Lune; fenêtre au fond. — Deux lits, l'un à droite, l'autre à gauche; porte au fond.

—

SCÈNE XI.

FANFARE, CASCARINE.

CASCARINE. Je vous dis, monsieur Fanfare, qu'il faut retourner au quartier...

FANFARE. En fait de quartier, je te dis que je ne veux pas vous en faire, entends-tu, vous? que vous êtes mieux astiquée que toutes les gibernes de la compagnie dont je suis le trompette.

AIR : *Corde sensible.*

Je suis Fanfare le trompette,
Du beau sexe toujours épris;
Je sonne souvent sa défaite
Et mon triomphe sur les ennemis.

REPRISE ENSEMBLE.

Je suis Fanfare, etc.

FANFARE.

Dès que ma fanfare résonne
Tin! tin! tin! tin!
Sur mon chemin
On voit, soudain,
Un tendron! Alors, moi, je sonne
La retraite et le lend'main,
Le réveil-matin.

REPRISE.

Je suis Fanfare, etc.

CASCARINE. Mais ne faites donc pas tant de bruit avec votre trompette... songez donc que si madame vous trouvait ici...

FANFARE. Je crois que si elle me trouvait ici, elle me trouverait fort bien.

CASCARINE. Tout serait découvert!

FANFARE. Qué qu'ça fait?... c'est aujourd'hui le 13 juin, jour de la fin du monde...

CASCARINE. Et nous sommes aux premières loges, rue de la Lune, pour voir la comète.

FANFARE. C'est pour minuit! minuit-z-un quart, nonobstant!

UN CRIEUR, *à la cantonade.* «Demandez l'ordre et la marche de la fin du monde, qui commencera à la Madeleine, suivra les boulevards, les quais, fera une halte à la Bastille, et rentrera par la barrière d'Enfer; ça ne se vend qu'un sou.

CASCARINE. Ça devient sérieux!

FANFARE. Et vous croyez ça?

CASCARINE. Oh! oui... je crois...

FANFARE. Il n'y a que la mauvaise herbe qui croit... Offrez-moi un baiser que je vais vous chipper, et n'en parlons plus désormais!...

ZÉRO, *au dehors.* Par ici!...

CASCARINE. Quelqu'un! où vous cacher?

FANFARE. Pas d'autre issue que cette porte.. Ah! sous ce lit; si on me voit, on me prendra pour le tire-bottes.

CASCARINE. Silence, les voici. (*Elle se met devant le lit.*)

SCÈNE XII.

LES MÊMES, FANFARE *caché*, TRUC, ZÉRO.

ZÉRO. Je vous dis que vous vous trompez de porte; nous avons le 99 et vous entrez au n° 100.

TRUC. Dans ce diable d'hôtel de la rue de la Lune, les méprises vont en croissant. Ah! voici une bonne... une assez jolie bobonne même. (*A Cascarine.*) C'est bien ici le 99?

CASCARINE, *embarrassée.* Non... c'est-à-dire oui.

ZÉRO. Alors c'est là la chambre à deux lits que l'hôtesse nous a indiquée... les voilà bien ces deux braves lits.

TRUC. Deux lits! nous causerons de lit-à-lit.

CASCARINE. Est-ce que monsieur compte s'en servir?

TRUC. Des lits? est-ce qu'on ne s'en sert pas dans cet hôtel-ci?

CASCARINE. C'est que les matelas n'ont pas été cardés.

TRUC. Ça n'est pas bien long... Ça sera l'affaire d'un quart d'heure, et puis, pour une nuit... Allons, allez, laissez-nous seuls, nous avons à causer Zéro et moi... ou moi et Zéro, comme vous l'aimerez mieux.

CASCARINE, *s'éloignant.* Et Fanfare, comment sortira-t-il de là-dessous?... ma foi, qu'il s'arrange. (*Elle va pour sortir.*)

TRUC. Ah! dites donc, la bonne, c'est bien aujourd'hui que doit avoir lieu la fin du monde?

CASCARINE. Oui, monsieur, c'est une affaire arrangée pour minuit un quart.

ZÉRO. La comète nous donnera bien le quart d'heure de grâce...

TRUC, *à Zéro.* Tu vois que nos télescopes ne nous seront pas inutiles, si nous tenons à cette représentation que je crois extraordinaire. (*A Cascarine.*) Eh bien! vous êtes encore là? (*Cascarine sort.*)

FANFARE, *caché.* Sans être dans le lit, me voilà dans de jolis draps.

SCÈNE XIII.

TRUC, ZÉRO, FANFARE *caché*.

TRUC. Je crois que nous serons bien ici... la rue de la Lune est plus élevée que les boulevards.

ZÉRO. Et puis, à l'aide de ma longue vue, qui, dit-on rapproche de cinquante lieues.

TRUC. Nous verrons ça de plus près...

ZÉRO. Vous croyez donc sérieusement à la fin du monde?

TRUC. Si j'y crois!... Pas du tout, mais j'en ai tous les jours tant d'exemples sous les yeux, qu'il n'y aurait rien d'étonnant à ce qu'elle arrivât.

ZÉRO. Que voulez-vous dire?...

TRUC. Qu'il y a longtemps que j'ai vu la fin du monde.

AIR *de Marianne.*

Partout la fin du monde abonde;
Si j'entre dans un restaurant,
J'y vois souvent la faim du monde,
Qui n'y mang' pas pour son argent.
Plus d'un théâtre
Se met en quatre
Pour attirer tout le monde aujourd'hui,
Mais si sa pièce
En plan le laisse,
Il voit trop tôt la fin du monde chez lui.
Bref, ma finesse est sans seconde,
Et je puis, c'est assez malin,
Avouer que je suis le plus fin...
Oui, le plus fin du monde;
Je suis l' plus fin du monde.

(*Ils vont regarder à la fenêtre avec leurs longues vues.*)

FANFARE. Mille plumets! quelle idée lumineuse vient de me pousser!... Ah! vous attendez la fin du monde... Eh bien! nous allons rire.

ZÉRO. J'ai beau regarder en l'air, je ne vois que la petite Ourse, qui, grâce à ma longue-vue, devient la grande Ourse, et qui a l'air de se faire traîner par le chariot. Elle va chercher sa crème sur la voie lactée... Ah!

TRUC, *sautant.* Quoi? Que c'est donc bête de vous faire des frayeurs comme ça!... Préviens-moi, au moins, quand tu me feras peur... je me préparerai.

ZÉRO. Regardez donc là-bas... là-bas... cette queue.

TRUC. Ou donc?... ah!... non, c'est la queue du Gymnase.

ZÉRO. Vous ne voyez pas cette grosse étoile au nord.

TRUC. L'étoile du Nord!

ZÉRO. Elle a l'air de venir vers nous...

TRUC, *tremblant.* Si nous allions nous cacher?

ZÉRO. Vous avez peur?..

TRUC. Je n'ai pas précisément peur, mais je suis très-effrayé. Qu'est-ce qui m'aurait dit que j'assisterais à la fin du monde!

ZÉRO. Moi, je vous l'aurais dit... si je l'avais su!...

FANFARE. Je crois que le moment est arrivé. (*Il prend sa trompette et en tire des sons.*)

TRUC et ZÉRO, *sautant.* Hein!...

FANFARE. Ça prend... (*Il tire un nouveau son.*)

TRUC, *tremblant.* Où nous ca... cacher?... (*On entend minuit qui sonne.*)

ZÉRO, *effrayé.* C'est l'heure indiquée. (*Nouveau son de trompette.*)

TRUC. A l'aide!... au secours!... à l'assassin!...

SCÈNE XIV.

LES MÊMES, LE MAITRE, LA MAITRESSE D'HOTEL, CASCARINE.

CHŒUR.

AIR : *La Terre est assez vieille.*

Entendez-vous la trompette qui gronde?
Voilà la terre qui sautille déjà,
Oui, c'est fini, c'est bien la fin du monde!
Grands dieux! de là
Qui donc nous tirera?

TRUC.

AIR : *Quoique vieux.*

Qu'allons-nous devenir?
Le mond' va finir.

ZÉRO.

Nous serons enfoncés.

TRUC.

Cassés.

LES TROIS AUTRES, *ensemble.*

Fricassés.

TRUC.

Si j'avais su, vraiment,
Cet événement,
J'aurais changé de logement.

ZÉRO.

Je serais d'avis,
Mes très-chers amis,
De nous faire à la ronde
Un aveu touchant

De nos torts, avant
D'aller dans l'autre monde!

TRUC.

Ce moyen
Me va bien,
Il ne gêne en rien,
Tous ici, sans façons,
Nous nous pardonn'rons,
Après, nous partirons
Plus gais de Paris,
Ensemble, comme des amis!

LA MAITRESSE D'HÔTEL.

Moi, mon cher ami,
Je t'avoue, ici,
Que l'épicier qui reste
En face de nous,
Me fit les yeux doux,
Tu devines le reste!...

LE MAITRE, *furieux.*

Mais... madame!...

LA MAITRESSE.

Cher ami,
Ça n'est pas fini;
Le bottier,
Le fruitier,
Le petit fripier,
Le garçon de café...

LE MAITRE, *furieux.*

Qu'a fait ce garçon?

LA MAITRESSE.

Ce que toujours les garçons font!...

LE MAITRE, *furieux.*

C'est affreux!...

(*Très-calme.*)

Mais moi,
Je fis comme toi,
Et la belle épicière,
En face de nous,
Me fit des yeux doux!
Puis, après la bottière,
La fruitière eut son tour,
Et je crois qu'un jour
La fripièr', dans sa cour,
A subi ma cour.
Tu vois donc, mes amours,
Qu'en fait de bons tours,
Nous nous payons bien de retour.

CASCARINE.

Madam', chaque mois,
Du panier, cent fois,
Moi, j'ai fait danser l'anse;
Mais vrai, sur ma foi,
Ça vient, croyez-moi,
De c' que j'aim' trop la danse!

ZÉRO.

Quant à moi,
Sans émoi,
Je me fais la loi
D'avouer que j'ai dit
Qu' vous manquiez d'esprit;
J'ai même, hier matin,
Chez plus d'un voisin,
Dit que vous n'étiez qu'un crétin!

TRUC, *lui prenant la main.*

Merci,
Cher ami,
Ta franchise, ici,
Provoque mes paroles;
Je te porte, dit-on,
De l'intérêt! non,
J' te porte sur mes épaules,
Et si plus tard, chez nous,
Nous revenons tous,
Je veux, d'un air fort doux,
Te rouer de coups;
Car, miracle étonnant,
Je sais maintenant, Zéro,
Quel est ton numéro!...

CHŒUR.

Prodige surprenant,
Voilà maintenant
Que nous avouons tous
C' que nous pensons d' nous,
Il fallait donc, vraiment,
Un boul'versement
Pour trouver chez soi
D' la bonne foi.

FANFARE. Il n'y a que moi qui n'avoue rien... Ah! si, j'avoue que je suis mal à l'aise... il faut que ça finisse...

LA MAITRESSE. Ainsi tu ne m'en veux pas de l'avoir fait... des traits?

LE MAITRE. Puisque je t'en ai fait aussi.

CASCARINE. Et moi, de ce que j'ai fait?...

ZÉRO. Et moi, de ce que j'ai osé faire?...

TRUC. Et moi, de ce que je compte faire...

TOUS ENSEMBLE. Nous nous pardonnons.

FANFARE. Alors en avant deux... (*Il sonne de la trompette.*)

TOUS, *se mettant les mains sur les yeux.* Ah! (*Silence, pendant lequel Fanfare quitte sa cachette; il va gagner la porte, quand Truc l'aperçoit.*)

TRUC. Tiens! un dragon...

ZÉRO. Le dragon du jardin des Hespérides...

TRUC. Mais non... un vrai dragon, pas de vertu, je suppose...

CASCARINE. Fanfare!...

FANFARE. Je suis pincé... une, deux... fixe, et l'œil à quinze pas.

LA MAITRESSE. Que signifie?...

CASCARINE. Pardonnez moi, madame, c'est Fanfare, mon amoureux.

LA MAITRESSE. Un amoureux!... vous avez un amoureux?...

LE MAITRE. Horreur!...

CASCARINE. Mais vous, madame, vous avez avoué...

LA MAITRESSE. Allons, c'est bon! Et que fait-il votre amoureux?

TRUC. Son costume me ferait presque supposer qu'il est soldat...

CASCARINE. Il est militaire!

TRUC. Ah! je m'étais trompé!

CASCARINE. Trompette, donc!..

FANFARE. Et c'est moi qui ai sonné la charge que je viens de vous faire...

LA MAITRESSE, *à Truc.* Maintenant, monsieur, vous pouvez vous coucher tranquillement, l'heure est passée, il n'y a plus rien à craindre.

TRUC. J'avoue que j'ai besoin de me reposer... tant d'émotions m'ont mis sens dessus dessous.

CHŒUR.

AIR : *A défaut de tables.*

Que chacun de nous gagne son logis,
Plus de catastrophe,
Je suis philosophe;
La fin du monde est bien loin de Paris,
N'en ayons plus de soucis.

(*Les quatre personnages sortent.*)

SCÈNE XV.

TRUC, ZÉRO.

TRUC. Eh bien! mon pauvre Zéro, nous l'avons échappé belle... c'est-à-dire que nous n'avons rien échappé, puisque c'était une charge... de cavalerie...

ZÉRO. Si nous nous couchions?

TRUC. J'allais le dire, mais je craignais d'être inconvenant...

ZÉRO. Couchons-nous tout habillés, nous serons plutôt prêts pour le déjeuner... on m'a indiqué un petit restaurant, pas cher, qu'on appelle la Maison d'Or...

TRUC. Fait comme la maison... dors... (*Le décor change. Musique.*)

HUITIÈME TABLEAU

Les Barrières.

Au fond le mur d'octroi. Grille au milieu. — Une barrière de Paris.

TRUC, ZÉRO, UN DOUANIER. (*Truc et Zéro entrent en courant par le fond.*)

TRUC. Au secours!... au secours!...

ZÉRO. Remettez-vous...

TRUC. Dors-je? rêvé-je? ou sommeillé-je?

ZÉRO. Dans notre frayeur, nous sommes sortis de Paris par une barrière, nous y rentrons par une autre.

TRUC. N'oublions pas?...

LE DOUANIER. Vous n'avez rien à déclarer?

TRUC. Si... j'ai à déclarer que j'ai eu une fière venette... Paris n'est donc pas détruit?

LE DOUANIER. Paris se porte comme le pont Neuf.

ZÉRO. Et le pont Neuf?

LE DOUANIER. Pas mal, et vous? merci... Henri IV est toujours dessus.

TRUC. Mais la fin du monde?

LE DOUANIER. Remise indéfiniment, faute de comète...

TRUC. Alors, nous avons rêvé?

ZÉRO. Voilà une heure que je vous le dis... quel cauchemar!

TRUC. Malhonnête!...

ZÉRO. Non, je dis : quel cauchemar nous avons eu!...

TRUC, *au douanier,* Figurez-vous, monsieur, mais non, vous n'avez pas une figure à vous figurer ça.

LE DOUANIER. D'ailleurs, Paris existe si bien qu'il est question de l'agrandir... et de reculer les barrières, aussi sont-elles toutes en émoi... les entendez-vous? (*Cris au dehors.*)

TRUC. Il faut mettre une barrière à leur emportement.

ZÉRO. Les voici, les voici, retirons-nous en barrière... je veux dire en arrière.

SCÈNE XVI.

LES MÊMES, LES BARRIÈRES DE L'ÉTOILE, DE BERCY, D'ENFER, DU TRONE, DU COMBAT, DES VERTUS, DES BONS-HOMMES et DE L'ÉCOLE.

CHŒUR.

AIR : *J'étouffe de colère.*

Ah! répondez, de grâce,
Et calmez notre effroi :
Va-t-on changer de place,
Nous et le mur d'octroi?

LE DOUANIER. Calmez-vous!... calmez-vous!...

LA BARRIÈRE DE L'ÉTOILE. Est-ce que la barrière de l'Étoile va filer?...

LA BARRIÈRE DU COMBAT. Veut-on livrer bataille à moi, la barrière du Combat?... En ai-je fait battre de ces boule-dogues et de ces hommes!... Pauvres bêtes!...

AIR : *Des fraises.*

Je rêvais en tous les temps,
Taloches, plaies ou bosse;
De moi les méchantes gens
Disent que je donnais dans
La bosse.

AIR : *Bonjour.*

Je faisais battre les chiens,
Je faisais battre les hommes;
Entre eux se mordaient les chiens,
Entre eux se mordaient les hommes.
J'avoue, entre nous, que je ne sais pas bien
Si l'homme était plus méchant que le chien,
Mais j' dois conf'sser qu' les chiens et les hommes
En s' cognant si fort ne respectaient rien;
Et c' que j' sais fort bien,
C'est qu'hommes et chiens
Faisaient tous une vie de chiens.

AIR : *Cocu.*

Aussi, regrets bien tristes,
Mes malheureux artistes,
Pour prix de leurs combats,
Furent tous flanqués au pas.
Les hommes et les bêtes,
Qu'on privait de leurs fêtes,

Rentrér'nt, d'un air piteux,
A leur niche et chez eux.
Et quand un d' mes chiens beugle,
J'ai l'air d'un pauvre aveugle,
La clarinette au cou,
Demandant un p'tit sou.

LA BARRIÈRE DE BERCY. Est-ce qu'on trouve la barrière de Bercy râpée?

TRUC. Bercy.

LA BARRIÈRE DE BERCY. Vous dites?...

TRUC. Bercy!... non, je veux dire : merci... je suis *enrhubé* du *cerbeau*.

LA BARRIÈRE D'ENFER. Qu'on touche à la barrière d'Enfer, et je fais le diable!

LA BARRIÈRE DE L'ÉTOILE. Nous, reculer?... et nos fidèles amis, qui viennent boire, rire, chanter et danser à la barrière... Hors barrière, rien ne prend.

TRUC. Excepté le cocher de fiacre, qui prend plus cher.

TOUTES, *satisfaites*. A la bonne heure!

TRUC, *bas*. Vous disiez cependant...

LE DOUANIER, *bas*. Je dissimule...

ZÉRO. Quand un douanier doit nier, chaque douanier doit nier.

LA BARRIÈRE DE L'ÉTOILE. Vous le voyez, mes chères sœurs, nous pouvons retourner tranquillement à notre poste.

ZÉRO. Le poste de la barrière?

TRUC. Souffrez, avant, que je fasse plus ample connaissance avec vous et vos sœurs.

LA BARRIÈRE DE L'ÉTOILE. Volontiers!...

TRUC, *à Zéro*. La Barrière octroie... son consentement.

LA BARRIÈRE DE L'ÉTOILE, *les désignant l'une après l'autre.*

AIR : *Valseur féroce.*

Soit, de Bercy vous voyez la barrière
Près l'Entrepôt, fréquentée s'il en fut;
Elle est, je crois, trop près de la rivière.
Ce voisinage est fâcheux pour le fût.

A la barriér' du Combat, quelle vogue!
On accourait jadis tous les deux jours
Pour voir lutter l'ours et le boule-dogue,
Seul le théâtre a conservé les ours.

Celle-ci touche à l'École Militaire,
Mais son costume est, je crois, mal choisi,
Car le zouzou ne connaît pas d' barrière,
Et le progrès n'en connaît pas plus qu' lui.

Barrière d'Enfer, dans le temps où nous sommes,
Ah! c'est par là que l'on passe le plus;
Si l'on croyait Barrière des *Faux Bonshommes*,
On fréquent'rait la barrière des Vertus.

Voyez enfin la barrière du Trône
Et ses colonn's que surmontent deux rois;
Un souvenir qui vaut une couronne
N'est pas celui de la jambe de bois.

Et si jamais notre passé se voile,
Si l'enn'mi vient, les fils de nos enfants
Pourront ép'ler, barrière de l'Étoile,
Du temps passé les grands noms triomphants.

REPRISE EN CHŒUR.

Et si jamais, etc.

LA BARRIÈRE DE L'ÉTOILE. Et pour vous prouver que je mérite de rester à ma place, je vous invite à venir jusqu'à chez moi admirer toutes les splendeurs des Champs-Élysées, et assister à l'entrée des nains chinois, un des succès de cette année.

TOUTES LES BARRIÈRES. Oui! oui! partons!

TRUC.

AIR : *Polka des Amours.*

Pour leur épargner ces vilains cris,
Des barrièr's de Paris,
Je m' fais ici
L'ami;
Et je prie qu'on n'i
Mmole pas aussi
Les barrières de Paris.

(*Toutes les barrière défilent sur la reprise du chœur en ayant Truc à leur tête. Zéro fait le tambour-major. — Défilé général. — Tableau.*)

NEUVIÈME TABLEAU

Les Champs-Élysées.

Le théâtre représente l'avenue des Champs-Élysées illuminée en verres de couleurs. Au fond la barrière de l'Étoile illuminée au gaz.

—

SCÈNE XVII.

CHŒUR.

Chinois petits
Et gentils,
Nains par tout Paris
Suivis;
P'tits Chinois,
P'tits minois,
On vous traite en rois.
Tin! tin! tin! tin!
C'est certain,
Rien n'est plus bénin
Qu'un nain;
Rien n'est plus coquet,
Mieux fait,
Vrai,
Qu'un nain complet.
L' géant
N'est qu'un intrigant,
Un vilain impertinent;
Aussi Paris n'en veut plus,
Ce n'est qu'un intrus.

Chinois petits, etc.

(*Ballet chinois. — Tous les personnages, y compris Truc et Zéro, font des poses.*)

FIN DU DEUXIÈME ACTE.

ACTE TROISIÈME.

—

DIXIÈME TABLEAU

La sortie des spectacles.

Décor.—Face au public, l'entrée des Délassements; les candélabres sont allumés; onze heures. A droite, pissotière avec affiches.

—

SCÈNE PREMIÈRE.

SPECTATEURS, MARCHANDS DE COCO, DE CONTREMARQUES, D'ORANGES, DE LIMONADE POLONAISE, TITIS, ETC.

CHŒUR.

AIR : *Satarello.*

Mes amis, puisque c'est l'entr'acte,
Hâtons-nous de nous rafraîchir;
Bientôt va commencer l'autre acte,
N'ôtons rien à notre plaisir.

LE MARCHAND DE COCO. A la fraîche! qui veut boire?

LA MARCHANDE D'ORANGES. Oranges! belles oranges!

LE MARCHAND DE LIMONADE. Limonade polonaise à deux liards le verre!

LE TITI. Bourgeois, vendez-vous votre contremarque? Oh! ce m'sieu qui méprise les négociants!... Va donc, eh! vaudevilliste!

SCÈNE II.

LES MÊMES, TRUC, ZÉRO.

TRUC. Ah çà! où est donc passé Zéro?

ZÉRO, *entrant de l'autre côté*. Où a filé le roi Truc? Est-ce que le ciel, dans sa bonté, m'aurait débarrassé?... ce serait trop de joie.

TRUC, *au Titi*. Dites donc, petit....

LE TITI. Monsieur m'appelle? monsieur désire avoir des renseignements sur mademoiselle Alexandrine?... voilà.

TRUC. Non... je voudrais vous demander si vous n'auriez pas vu un monsieur très-mal mis, très-vilain, et qui a l'air très-bête...

LE TITI. En voilà des renseignements!... (*Montrant Zéro.*) C'est pas ce monsieur-là, quelquefois?

TRUC. Juste!... Zéro.

ZÉRO. Ah! je vous retrouve... j'étais dans une inquiétude!...

LE TITI. Tiens! comme ça se trouve... je suis tombé à pic.

TRUC. Ah çà, Zéro, mon ami, où cours-tu donc?

LE TITI. Bourgeois... il y a rien pour le renseignement?...

TRUC. Comment! il faut te payer...

LE TITI. Dam! c'est mon état à moi!...

ZÉRO. Bah!...

LE TITI. Fanfan le renseigniste! un nouveau genre de Titi... l'enfant du boulevard du Crime!...

AIR : *Monaco.*

Partout je suis vu,
Et, dans l' quartier du Temple
Jusqu'à l'Ambigu,
Je suis le plus connu.
Quant à mon état,
Il n' faut pas, par exemple,
Supposer, oui dà,
Que chacun l'exerc'ra.
C'est pas malin,
Dit le voisin,
Mais, entre nous, tout bas il me contemple,
Car j' connais tout,
Je suis partout,
Et de chaqu' coin
Je connais le besoin.
Et's-vous dans l' malheur?
J' connais celui qui prête.
Etes-vous acteur?
J' vous montr' le directeur;
Etes-vous auteur?
Si votre pièce embête,
J'applaudis d' bon cœur
Quand on m' pay' mon labeur.
J' connais l' logement
Du petit, du grand,
Et, sur l'actrice qui vous tourne la tête,
C' qu'on n'a pas su
Je l' sais bientôt.
Et d' sa vertu
Je vous dis le fin mot.

(*Parlé.*) Enfin, sur tout, et sur tous, je fournis des renseignements. Voulez-vous savoir la biographie de mademoiselle... (*Il parle à l'oreille de Truc.*) Je vous dirai qu'elle est née en 1760, et qu'elle travaille encore dans les ingénues... Désirez-vous apprendre si les mollets de mademoiselle... (*même jeu*) sont arrivés? je vous donnerai l'adresse du fabricant de maillots. Commandez, faites-vous servir... on ne paye qu'après avoir entendu!...

REPRISE DU CHŒUR.

Partout je suis vu, etc.

TRUC. Eh bien! qu'est-ce que tu dis de ça, Zéro?...

ZÉRO. Je dis que c'est une profession qui doit joliment vous désillusionner.

LE TITI. Bah! on n'est pas difficile...

TRUC. Eh bien! puisque tu es un programme en chair et en veste, dis-moi donc où nous pourrions aller au spectacle?

ZÉRO. Au spectacle?... vous voulez aller voir la comédie?... il ne manque plus que ça pour être abruti... j'en sors, des théâtres, moi!... Cristi! ça m'a rappelé le royaume de mes chiffres!...

AIR :

Ma foi, j'ai fait comme chac...*un*;
Mais n'aimant pas le hasar...*deux*,
Et pour ne pas être à l'é...*trois*,
Au contrôle je me suis mis en *quatre*;
J'avais la stalle numéro *cinq*,
Où j' m'étalais comme un Tir...*six*.
Ne craignant pas que la re...*sept*
Ne manquât par un cas fort... *huit*.
Mais le spectacle n'était pas *neuf*,
Et gai comme un *De profun...dix*.
Heureusement que *le Cheval de Br...onze*
Nous fait oublier *Charles douze*.

TRUC. Charles douze... ça nous met à *notre* se... Je veux cependant voir une pièce... mporte laquelle... quand ce serait la pièce s Suisses... A qui faut-il s'adresser?

LE TITI. Au public; c'est le seul qui ne mpe pas... Les affiches, les comptes rens, tout ça c'est du trompe bourgeois... Le blic! voilà le seul bonhomme qui ne blae pas...

TRUC. Où trouve-t-on ce monsieur?

LE TITI. Ici! partout!... Tenez, on joue quele chose dans ce local-ci... j'allais dire bo... (*Il montre les Délassements.*) Demandez public, en sortant, ce qu'il pense... c'est le ul vrai moyen.

SCÈNE III.

LES MÊMES, LE PUBLIC.

LE PUBLIC, *frappant sur l'épaule du petit.* Il aison, le petit!

TRUC. Quel est ce particulier?...

TITI, *ôtant sa casquette.* Le public... mon c!...

TRUC. Mon duc... Dis donc, Zéro? il l'appelle on duc...

ZÉRO. C'est peut-être parce que c'est un arquis...

TRUC. Comme ça, c'est vous qui êtes le pu- c?...

LE PUBLIC. C'est moi-même. Le roi des arts! rite, esprit, talent, tous sont mes esclaves... ur un seul sourire, pour une seule larme de oi, pour un seul bravo... que de gens brûnt leurs yeux dans les veilles, succombent us le poids du travail!...

TRUC. Fichtre!... qu'est-ce que vous avez nc de si beau en vous?

LE PUBLIC. J'ai le succès, la réputation, la oire.

TRUC. Mais pourquoi ce costume bizarre?

LE PUBLIC. Ah! c'est que j'ai des goûts bien angeants, souvent je n'ai plus le même dér le lendemain... mes sujets sont différents s uns des autres... en voulez-vous la preuve? nez, voici la sortie du théâtre... regardez. (*Au fur et à mesure du rondeau les personnas indiqués sortent du théâtre.*)

AIR : *Ne raillez pas.*

Oui, le public, enfant, c'est votre maître;
Vous qui pleurez votre médiocrité,
Votre seul tort est de ne pas connaître
Les mille goûts de cette royauté.
De l'avant-scène élégant locataire,
Voici d'abord le public patricien,
Celui-là veut la pièce littéraire
Et noblement n'écoute jamais rien.
Fils de famille, amant de l'art équestre,
Dans les habits en cherchant le succès,
Presque englouti dans son fauteuil d'orchestre,
Veut un mot vif et beaucoup de mollets.
Puis cette dame, à qui l'on rend les armes,
Ne croyez pas qu'elle vient pour tout voir;
La pièce, hélas! pour elle a peu de charmes,
Car de sa loge elle a fait un boudoir.
Saluez-le, première galerie,
Monsieur Prud'homme est un bon spectateur,
Idolâtrant la farce et la folie,
Au dénoûment il ronfle avec fureur.
Le paysan, habitant des secondes,
Juge parfois avec sagacité,
Mais le gros sel et les brutales rondes
Provoquent seuls son hilarité!
Le pauvre hère est assis au troisième,
Et, comme il doit tout économiser,
Pour celui-là le plaisir est extrême,
Son peu d'argent le force à s'amuser!
Enfin, l'-haut, le titi se faufile,
Grand amateur, juge en dernier ressort,
Payant le moins, c'est le plus difficile,
C'est toujours lui qui criera le plus fort.
Mais, cependant, ces travers que je cite
N'existent plus quand apparaît l'esprit,
Car, sachez-le, mon cher, le vrai mérite
Par tout le monde est toujours applaudi!

REPRISE ENSEMBLE.

TRUC. Mais ces gens-là, où vont-ils maintenant?

LE PUBLIC. Ils rentrent chez eux, ils vont se coucher...

TITI, *s'avançant.* Se coucher... ah! bien oui.. ils suivent le monde...

LE PUBLIC. On a même composé une ronde là-dessus.

TITI. Oui, j'en ai fait aussi une de ronde... et sur la sortie des spectacles... Écoutez-moi ça, vous allez entendre quelque chose de chenu, de chouette, de rigolo...

AIR *de M. Millet.*

Suivez le monde!
Refrain mes amours,
Chacun à la ronde
Te chante toujours.
Que dit le saltimbanque
Au public nonchalant?
Que veut dire la banque
De plus d'un commerçant?
Ce grand monteur d'affaires
Qu'aim'-t-il à prononcer
Lorsque les actionnaires
Se décident à verser?
Suivez le monde! etc.

Amant que désespère
Un sentiment trompé,
Et qui sur cette terre
Se croit seul dupé;
Trahisons d' tout's espèces,
Dont le nombre est coquet;
Inconstantes maîtresses
Et maris au complet :
Suivez le monde! etc.

Depuis longtemps, je pense,
On fait avec succès
Des couplets sur la France
Et sur les bons Français.
Mais cett' phras' rajeunie
Trouv' toujours un écho,
Qu'on menac' la patrie,
Chacun dit aussitôt :
Suivez le monde,
Et courez là-bas;
L'ennemi nous fronde,
Dev'nons tous soldats.
Oui, soyons tous soldats.

TOUS. Bravo! bravo!

REPRISE DU REFRAIN. — *Tous sortent.*

SCÈNE IV.

LE PUBLIC, TRUC, ZÉRO, *puis* LE MONSIEUR.

LE PUBLIC. Et maintenant qu'est-ce que vous allez faire?

TRUC. Nous allons faire comme tout le monde, nous allons aller nous coucher.

ZÉRO. Je n'en serai pas fâché moi! je n'aime pas à me trouver tard dans les rues avec vous.

LE PUBLIC. Je voulais pourtant vous inviter à venir visiter mon palais, vous qui venez voir les pièces nouvelles de cette année.

TRUC. Tiens! c'est une idée ça; et où est-il votre palais?

LE PUBLIC. Suivez-moi, j'ouvre la marche.

TRUC, *à Zéro.* Toi, n'ouvre pas la bouche.

ENSEMBLE.

AIR : *Oui, je cours.*

Sans dérangement
Nous verrons la comédie;
L'offre est trop jolie
Pour résister un moment.
(*Ils sortent.*)

ONZIÈME TABLEAU.

Le Palais du Succès.

Le théâtre représente le palais du Succès. Deux portes au fond; sur l'une est écrit : *Succès*; sur l'autre : *Fours.*

—

SCÈNE V.

LE PUBLIC, ZÉRO, *entrant à droite, puis* TRUC.

ZÉRO. Faites attention! il y a encore trois marches. (*On entend dégringoler.*) Prenez la rampe!...

TRUC, *se frottant la jambe.* Diable d'escalier.

ZÉRO. Je vous dis de prendre la rampe.

TRUC. Je l'ai prise aussi, mais quand j'étais par terre... Ah çà! où nous trouvons-nous ici?

LE PUBLIC. Vous êtes dans mon palais.

ZÉRO. Et nous pourrons voir chez vous?

LE PUBLIC. Les succès et les chutes dramatiques de cette année.

ZÉRO. Comment! depuis sept ans?

LE PUBLIC. Non, de cette année.. Cette, pronom démonstratif... Attention, à moi les théâtres.

SCÈNE VI.

LES MÊMES, LE PÈRE AUX ÉCUS, LES VIVEURS, L'ESCARCELLE D'OR.

CHOEUR.

Nous venons devant le Public,
Notre maître,
Bien vite apparaître.
Nous devons nous faire connaître,
Et tâcher de montrer du chic.

TRUC. Quel est ce vieux papa qui donne le bras à cet autre vieux.

ZÉRO. Ce sont deux hommes envieux.

LE PUBLIC. Tu l'as dit, envieux... l'un de l'autre : le Père aux écus et le roi Léar, prononcez Lire.

TRUC. Alors sur l'affiche il faut lire Lire...

LE PUBLIC. Acte premier, le *Père aux écus* : deux filles qui détestent leur papa. Acte premier du *Roi Lire* : deux demoiselle qui n'aiment pas leur pèpère. Acte deuxième du *Père aux écus* : deux filles qui grugent leur papa. Deuxième acte du *Roi Lire* : deux demoiselles qui grignottent leur auteur. Acte troisième

TRUC. Du *Père aux écus* :

LE PUBLIC. Deux filles...

TRUC. Qui chassent leur papa... connu! j'ai lu ça dans Balzac, ça s'appelle *le Père*

ZÉRO. *Loriot.*

TRUC, *Goriot*! si ça ne te fait rien.

ZÉRO. Ça me contrarie, mais vous êtes mon supérieur!

LE PUBLIC.

AIR *de l'Apothicaire.*

Le *Père aux écus* n'en fit pas,
Et, l'on eut beau se mettre en quatre,
Les écus ne s' voyaient, hélas!
Que sur l'affiche du théâtre.

TRUC.

Le Roi Lir' fut plus échaudé,
Sous les bâillements il expire ;
Le public dit : J' n'ai pas d'mandé
Que de sa tombe ou tire-lire.

ZÉRO, *montrant les Viveurs.* Et ce jeune képi orné d'une figure joviale?

TRUC. Tiens, je le reconnais... c'est notre frotteur.

ZÉRO. Par exemple, notre frotteur est bien mieux...

LE PUBLIC. *Les Viveurs de Paris.*

TRUC. Ah! j'ai vu ça sur une énorme affiche! j'ai même cru qu'on jouait M. Xavier de Montépin par les Viveurs de Paris.

LE PUBLIC. C'est la mode aujourd'hui... c'est ainsi que se font les affiches de spectacles.

AIR *d'Arwed.*

On met d'abord en haut l' nom du théâtre,
Ensuit' le nom des principaux acteurs,
Puis, au-dessous, bien gros, on voit s'ébattre
Les noms des peintr's, des tailleurs, des auteurs ;
On met les pas réglés avec adresse ;
On met le nom du maître de ballet,
Et puis, s'il reste un peu de place, on met
En tout petit le nom d' la pièce.
Un jour on oubliera la pièce!

TRUC. Public a raison.

LE PUBLIC. Le public a toujours raison.

ZÉRO. Et ce jeune homme qui a l'air si éveillé?

LE PUBLIC. *L'Escarcelle d'or.*

TRUC. Si l'Escarcelle dort, ne la réveillez pas. Et celui-là?

ZÉRO. Je le reconnais, c'est *l'Amiral Bynge.*

LE PUBLIC. Bing, donc!

TRUC. Bing! en plein dans l'estomac!

(*Les Théâtres vont pour sortir; l'amiral laisse tomber sa veste.*)

ZÉRO. Dites donc! là-bas, vous oubliez quelque chose...

TRUC. Parbleu! il oublie de remporter sa veste...

LE PUBLIC. Eh! là-bas, pas par là! Celle-ci, tenez... (*Il montre la porte des fours.*)

CARNIOLI, *à la cantonade. Imitation de Félix.* Mais sapristi... mon cher, je suis un excellent garçon, sapristi !

LE PUBLIC. C'est la voix de Carnioli, un des principaux personnages de *Dalila.*

ZÉRO. Sa voix a du son.

TRUC. Parbleu! pour jouer Dalila, il ne peut pas être sans son!

SCÈNE VII.

LES MÊMES, CARNIOLI.

CARNIOLI. Sapristi, n'ayez donc pas peur; si j'ai l'air si dramatique, c'est exigé du Vaudeville, où l'on ne joue plus que des drames du plus beau noir; nous ne produisons plus de pièces où il n'y ait au moins un ou deux morts.

TRUC. Il n'y a que vous qui ne mouriez pas.

CARNIOLI. Si! quelquefois je meurs... d'envie de rire de me voir sans cesse jouer le même rôle... Dégenais... toujours Dégenais! Avez-vous vu Dégenais?

TRUC. J'ai vu *la Closerie des genêts.*

CARNIOLI. Ce n'est pas moi! j'ai une manière de plaisanter qui donne le frisson, sapristi! Du reste, ne vous en étonnez pas, je dis des sottises à tout le monde. Tenez, vous, par exemple, je resterais un quart d'heure avec vous, que je passerais une demi-heure à vous appeler vieux crétin, vieux délabré, affreux crustacé.

TRUC, *vexé.* C'est assez.

CARNIOLI. Non, crustacé... Je me suis appelé Raoul, Hector, Horace, René, Paul, Jean, Carnioli, c'est toujours Dégenais.

TRUC. C'est égal, vous devez aimer à jouer ce rôle-là.

CARNIOLI. Mais non, sapristi, les auteurs tuent toujours mes camarades, et ils ne me font jamais mourir... c'est une injustice... aussi pour me consoler je vais dire bonjour à mon ami Grassot. Bonjour, Grassot. (*Imitation de Grassot.*) Bonjour, ma vieille ; ça va bien, moi aussi, merci, ça va assez mal; j'arrive de l'Odéon voir *Tartuffe,* par Fechter. Quel succès! et puis cric, gniouff! gniouff! (*Il va s'asseoir à droite.*)

TRUC. Tout ça, c'est très-joli, mais je voudrais voir un vrai drame.

ZÉRO. *Le Chevalier des brouillons...* non des brouillards.

TRUC. Oui, on dit qu'il y a un monsieur qu'on appelle madame Laurent.

SHEPPARD. (*Imitation de madame Laurent.*) Jack Sheppard! présent.

TRUC. Quel est ce petit rasé?

SHEPPARD. Moi, c'est une autre paire de manches.

LE PUBLIC. Il parle de manche parce que le drame se passe au bord de la Tamise.

SCHEPPARD. Je suis un vaurien qu'on nomme Sheppard, prononcez chippeur, à cause de mon inclination à voler. J'ai un frère de lait... de très-laid! il est le fils d'un monsieur qui était le mari de la sœur du père de l'enfant; c'est pour ça que je veux le tuer... mais mon couteau, qui était mal chargé, rate, et je me sauve : on me poursuit pour me nommer roi.

TRUC. C'est gentil ça, c'est une place qui offre de l'avenir.

SHEPPARD. Mais le fils du monsieur qui était le mari de la sœur du père de l'enfant vient pour me chercher; je me resauve, on me repoursuit, je saute dans une barque en criant : A la barque! à la barque!..

TRUC. Comme les marchandes d'huîtres.

SHEPPARD. Chut! taisez-vous!

TRUC. Mais nous ne disons rien!

SHEPPARD. C'est égal! taisez-vous tout de même. Voici ma mère qui vient me faire ses adieux.

LA MÈRE SCHEPPARD. Jack! mon fils!

SHEPPARD. Ma mère!

LA MÈRE. Mon fils!

SHEPPARD. Ma mère!

LA MÈRE. Mon fils!

SHEPPARD. Ma mère... là, ça fait trois fois, c'est assez.

LA MÈRE. Es-tu donc en prison! mon Scheppard?...

SHEPPARD. Vous devinez ça en me voyant dans un cachot.

LA MÈRE. Je pourrais bien crier pendant trois quarts d'heure. (*Imitation de madame Guyon.*) Mon enfant! mon pauvre enfant, mon Jack, mon pauvre Jack, mon Sheppard, mon pauvre Sheppard, mon fils, mon pauvre fils!... je pourrai crier pendant trois quarts d'heure... Que faire, mon Dieu! quels moyens trouver mon Dieu! pour le sauver, mon Dieu?... il est nécessaire à la Porte-Saint-Martin de dire tout ça, parce qu'il ne faut pas que la pièce finisse avant onze heures trois quarts, mais ici nous sommes pressés... Veux-tu fuir?

SHEPPARD. Fuir! me croyez-vous fêlé.

LA MÈRE, *exaltée.* Veux-tu f, u, i, r, fuir?

SCHEPPARD. Je pourrais vous dire... jamais, ma mère, au grand jamais... je préfère, ma mère, ma prison à la liberté, ma mère... Mais comme je finirais par avouer le contraire, j'aime mieux vous crier tout de suite...(*Très-fort.*) Oui, je veux bien fuir.

LA MÈRE. C'est trop haut!...

SHEPPARD. Bah! cinquante pieds!...

LA MÈRE. Non, je te dis, c'est trop haut ce que tu me dis... Tiens, j'ai apporté une demi-douzaine de mouchoirs brodés, je te les sacrifie. Déchirons les, et attachons-les au bout les uns des autres, ça te fera une assez jolie échelle de cordes. et si tu t'enrhumes, tu auras de quoi te moucher.

SHEPPARD, *déchirant le mouchoir.* Hardi! déchirons en droit fil surtout!

LA MÈRE, *déchirant le mouchoir.* Il me déchire le cœur!

SHEPPARD. Mais, ma mère, ça ne sera jamais assez long... je vais me casser quelque chose, ma mère...

LA MÈRE. Qu'est-ce que ça fait, pourvu que tu te sauves? ça finira bien l'acte; d'ailleurs, la casse se paye à part.

SHEPPARD. Je pourrais vous dire adieu; mais ça ne servirait à rien... Je ne vous remercie pas et ne vous embrasse seulement pas... mais je vous dis avec amour... si je me tue, ce sera bien fait pour vous.

LA MÈRE. Te reverrai-je, mon enfant? mon Jack, mon fils, mon Sheppard!...

SCHEPPARD, *avec amour.* Je l'espère, ma mère.. (*A part.*) En voilà une rasèuse!

LA MÈRE. Va, mon fils, mon Jack, mon enfant, mon Scheppard!... et fassent les marchands de madapolam que les mouchoirs ne craquent pas! (*Sheppard va pour sortir.*)

TRUC. Eh! là-bas! et la fin de la pièce?

ZÉRO. Vous vous en allez en nous laissant le bec dans l'eau?

SHEPPARD. Je profite des brouillards pour me brouiller avec ma famille... les brouillards font le plus grand effet; ça ressemble à des toiles métalliques. On jurerait un garde-manger où les acteurs sont placés pour éviter les mouches... les hommes crient bravo! les femmes bravi! et les titis : brave homme, que cette madame Laurent!... et la toile baisse.... On crie : Tous! tous! et comme nous jouons dans les brouillards, et que nous sommes enrhumés, à ce mot de *tous* nous paraissons en *toussant.*

TRUC. C'est charmant! je n'y ai pas compris un mot, mais c'est charmant!

ZÉRO. J'en ai les œufs brouillés... non... les yeux brouillés...

AIR *de l'Artiste.*

Je me perds et m'embrouille,
Vrai, dans tous ces brouillards
On s'embrouille, se débrouille,
Quels brouillons qu' ces brouillards!

SHEPPARD.

Qu'importe qu'on se brouille,
Dit le caissier tout bas,
Si l' public qu'on embrouille
Avec nous n' se brouille pas.
Public, si l'on t'embrouille,
Avec nous n' te brouille pas.

ZÉRO. Il est gentil, ce petit garçon.

LE PUBLIC. C'est une femme!

TRUC. Comment... cet homme est une femme et cette femme est un homme?

LE PUBLIC. Ce qui te prouve que le talent revêt toutes les formes.

AIR : *T'en souviens-tu.*

Si pour une heur' parodiant l'artiste,
Qui donne au drame un si puissant élan,
C'est pour après grossir encor la liste
Des vrais amis d'un aussi beau talent.
Près d'un public aimant souvent à rire,
La parodie aura toujours accès,
Car chacun sait que, malgré la satire,
La parodie est fille du succès.
La parodie est, malgré la satire,
La seule fille du succès.

Vous pouvez sortir tout droit par la porte du succès.

TRUC. Maintenant qu'allons-nous voir?

LE PUBLIC. La Gaîté.

CARNIOLI. Sapristi! la Gaîté!... des sots, de

ares, des imbéciles!... Ne croyez pas un it de ce que je vous dis là, c'est dans mon e de Dégenais... Au revoir, vieil idiot!... *nitation de Grassot.*) Au revoir, les en- its!... je vais caresser un petit verre, gniouf!! iouf!!

LE PUBLIC. Attention! on commence le *Sou r amour*, ou le *Four* par absinthe.

SCÈNE VIII.

HENRIETTE, HÉBERT.

HENRIETTE. Voilà ce que c'est... je m'appelle nriette... j'aime et je suis aimée de Mau- e, compositeur d'opéra pour la salle Bar- lemy... je suis tout ce qu'il y a de plus or- line!... merci, mon Dieu!...

HÉBERT, *entrant*. Vous vous mettez le doigt ns l'œil.

HENRIETTE. Quel est ce marron?

HÉBERT. Je suis vétérinaire! pour vous ser- ... Vous avez un père qui est votre grand- cle, et qui désire vous offrir sa bénédiction son héritage.

HENRIETTE. Mon Dieu! si je manque la bé- diction, faites que j'arrive à temps pour éritage!...

SCÈNE IX.

ant et orgue au dehors; MAURICE, *puis* POMMIER.

MAURICE. Personne! profitons de ma solitude ur finir cet air de M. Ligier... Dire que st moi qui ai été sur le point de faire le *re de Framboisy!*... O mon génie!... mon nie!... (*Orgue à la cantonade.*) Fichue mu- ue! il joue faux à lui faire avaler sa mani- lle! Eh! l'homme!...

POMMIER, *entrant avec son orgue.*

Quand les Chinois envahiront la France,
J'aurai, je crois, liché plus d'un canon.

MAURICE. Taisez-vous! vous me rendrez poi- naire.

POMMIER. Nisco! il faut que je joue faux, rce que si je jouais juste, le Grand-Opéra e ferait retirer ma permission par jalousie.

MAURICE, *rire nerveux*. Ah! ah! ah!...

POMMIER. Qu'est-ce que vous faites donc?

MAURICE. Je deviens fou.

POMMIER. Déjà? quel daim!... c'est pas en- re pour à présent... vous ne savez pas seu- ment qu'Henriette se l'est cassée...

MAURICE. Ah! c'est trop pour un seul musi- en... je m'évanouis!

POMMIER. Sans connaissance... ah! (*Il joue l'orgue.*)

Quand les Chinois envahiront la France,
J'aurai, je crois, liché plus d'un canon.

MAURICE. Assez! assez!...

POMMIER. Oui! assez pour le premier acte... assons au second. (*Sortie.*)

SCÈNE X.

POMMIER, *puis* MAURICE.

POMMIER, *chantant.*

Laissez les enfants à leur mère...

Vrai, j'aurai certainement bien du mal à e faire passer pour un homme du monde.

MAURICE, *à la cantonade*. Garçon!... de l'ab- sinthe!

POMMIER. Quelle huître que ce jeune gaudin; il boit de l'absinthe comme une éponge!

MAURICE. C'est pour oublier Henriette... Vous avez été assez dure pour vous absenter sans me prévenir... eh bien! moi aussi, je m'ab- sinthe!...

POMMIER. Il est complétement gris...

MAURICE. Je vois des petits amours qui se mettent le doigt dans le nez et qui me passent des plumes d'oie dans l'oreille... Ah! ah! ah!

POMMIER. Attendez donc! c'est pas encore là qu'il faut devenir fou...

MAURICE. C'est juste! pardon! où en étais-je?

POMMIER. Aux doigts dans le nez.

MAURICE. Oh! oui! j'entends un chant vapo- reux qui me transporte... tiens... écoute... est-ce suave, est-ce poétique! (*L'orchestre joue les Petits Agneaux.*)

POMMIER. Mais je connais ça...

MAURICE. Quelle élégance dans le motif... et les paroles... on dirait les larmes d'un poëte! (*Il chante.*)

Ohé! les p'tits agneaux,
Qu'est-c' qui cass' les verres,
Les poêlons, les fourneaux,
Les plats, les soupières!

POMMIER. J'y suis! j'y suis!

Qu'est-ce qui casse les brocs, les gros,
Les poêlons, les soupières?
Qu'est-ce qui casse les verres?
Qu'est-c' qui cass' les pots?

En v'là assez... zut! je m'éclipse. (*Il sort.*)

HENRIETTE, *entrant précipitamment*. Je viens d'écraser un omnibus avec ma voiture... je suis émue...

MAURICE. Henriette! Henriette!...

HENRIETTE. Mon nom! ciel!! Maurice!!!

MAURICE. Oublions tout.... Henriette, veux- tu-z-être à moi?

HENRIETTE. Ça me va...

MAURICE. Alors, quittons la France et la Normandie! réfugions-nous à Saint-Cloud!

HÉBERT. Prendrez-vous les secondes ou les premières?

MAURICE. Ciel! le nègre fin!

HÉBERT. Madame est ma légitime... (*Mau- rice ne bouge pas.*) Allez donc! madame est ma légitime...

MAURICE. J'entends bien!

HÉBERT. Eh bien! si vous entendez, allez...

MAURICE. Allez... quoi?...

POMMIER, *entrant de la coulisse*. Êtes-vous assez godiche? riez donc fort et bêtement, car c'est maintenant qu'il faut devenir fou... al- lons, ferme!... le rire nerveux!

MAURICE, *riant*. Ah! ah! ah! ah! ah!

HÉBERT. Cet homme est gâteux... venez, madame... allons solliciter son admission à Bicêtre!...

HENRIETTE. J'en mourrai!... merci, mon Dieu!... (*Ils sortent.*)

POMMIER, *l'enfant sous le bras* (*chantant*).

Laissez les enfants à leurs mères...

HENRIETTE, *donnant le bras à Maurice*. Idiot! il est idiot!

MAURICE. Je suis mort... Henriette est morte, ma sœur est morte... tous sont morts!... morto-insecto!

HENRIETTE. Maurice, ne me reconnais-tu pas? voyons... regarde moi... n'est-ce pas, que j'ai quelque ressemblance avec Hen- riette?...

MAURICE. Toi... tu lui ressembles?... Au fait, attendez-donc!... ce nez... cette bouche... ces yeux... ah! oui!... je te reconnais... tu es pompier. .

HENRIETTE. Pompier! mais non, je suis Hen- riette.

MAURICE. Je disais bien! tu es pompier!... ah!... je ne me trompais pas... Dans mes bras!... Mais, si tu es Henriette... tu es ma- riée.... qu'est-ce que tu veux que je fasse de toi?...

HÉBERT, *paraissant*. L'épouser!

MAURICE. Elle l'est déjà...

HÉBERT. Non... elle est veuve.

MAURICE. Quoi?...

HÉBERT. Je viens d'être tué en duel par le fils Chatouilleux, le monsieur qui avait séduit ta sœur, et qui l'épousera le jour où elle prouvera qu'elle n'a pas mis son enfant chez sa tante.

MAURICE. Le prouver?... comment?... l'en- fant a disparu .. qui nous le rendra?... (*L'or- gue à la cantonade.*)

MAURICE. Mon Dieu!... cette musique!...

POMMIER, *entrant*. C'est moi qui rapporte le moutard.

MAURICE. Bah!...

POMMIER.

V'là vot' fils que j' vous ramène,
Et j' crois qu'il s'ra bien reçu,
Depuis la barrière du Maine...

HÉBERT, *l'arrêtant*. Eh bien?...

POMMIER, *continuant*. Dumaine, l'acteur de l'Ambigu!...

MAURICE. Oui, c'est bien lui!... je le recon- nais, quoique je ne l'aie jamais vu!... Hen- riette, je t'épouse... Quant à toi, Pommier...

POMMIER. Moi, si j'avais su cela, au lieu de conclure l'affaire aujourd'hui j'aurais conclu hier; mais il faut que j'expie ma canaillerie... il me faut une punition exemplaire: je vais aller voir *Rose Bernard*.

ENSEMBLE.

Oui, plus de nuage,
Désormais le bonheur
Va pour longtemps, je gage,
Fair' la nique au malheur.

(*Ils sortent tous. Roulade dans la coulisse :* Ah! ah! ah!)

TRUC. Quelle est cette voix d'harmonica?...

LE PUBLIC. Le Théâtre-Lyrique .. le grand succès de deux années, *la Reine d'Occaze*...

TRUC. Je ne suis pas fâché de profiter de l'occaze.

SCÈNE XI.

LES MÊMES, LA REINE D'OCCAZE.

LA REINE. Me voilà à à à à à à à à à!

TRUC. On jurerait un rossignol dans son nid, *Alboni!*

ZÉRO. Ou un accordéon.

LA REINE. Vous avez devant vous la reine d'Occaze, qui a fait courir Paris, Belleville et même Pantin. Mon livret n'est pas amusant, et pourtant il est touchant.

TRUC. Alors chante-nous quelque chose... une ariette, un rien.

ZÉRO, *fredonnant.*

Car, dans votre famille, on est bon musicien.

ENSEMBLE.

Sur l'air du tra la la la la!

LA REINE. Non, sur l'air de *l'Abeille*... un air qui n'est pas mouche.

AIR *de la Reine Topaze.*

Hanneton, vole, vole, vole!
Ton mari, joli hanneton,

Est à l'école, cole, cole, cole.
Ton assommant bourdon dondon,
Grâce à ce grand fil qui t'arrête,
Pauvre bête,
Hélas! tu ne peux plus,
Nuit et jour, compter tes écus.
Hanneton, vole, vole, vole,
Car ton mari
En ce moment est à l'école.
Vole sans bruit,
Sur ma parole,
On met en prison quand on vole (*bis*),
Mais on m'a dit
Qu'aux hannetons on le permit.

Deux sous et trois sous les recueils. (*A Truc et à Zéro.*) N'oubliez pas la grande chanteuse, s'il vous plaît.

TRUC. Tenez, voilà vingt francs.

LA REINE, *repoussant la pièce*. Un sou belge... pané... Ciel! le capitaine qui m'a sauvé la vie avant que la pièce soit faite... Tiens, non, ça n'est pas lui...

TRUC. Et l'on vous a un peu jouée au Théâtre-Lyrique?

LA REINE. Deux mille neuf cent quatre-ving dix-sept fois!!!

TRUC. Et cinquante centimes!.....

ZÉRO. Et vous roucouliez toujours les Hannetons?

LA REINE. D'abord, et puis le Carnavalo de Venise... grand air à giorno, qui se chante en miaulant... vous allez voir ça..

AIR *du Carnaval.*

Miaou! miaou! miaou!
Miaou! miaou! miaou!
Miaou! miaou! miaou!
Miaou! miaou! miaou!
Sur la gouttière le chat s'avance,
Miaou! miaou! miaou!
Il rencontre sa connaissance,
Frou, frou, frou, frou, frou, frou.

(*Elle sort en leur soufflant à la figure.*)

TRUC, *toussant*, Cristi! cet air de chat me fait revenir ma toux! (*Il tousse.*)

ZÉRO. Et c'est là le plus grand succès de cette année?

LE PUBLIC. Un seul l'a surpassé, mais celui-là est éternel! si vous voulez me suivre, je vais vous mener dans son palais... le royaume de la Chanson.

TRUC. Du royaume de la Chanson!... (*Changement.*)

SCÈNE DERNIÈRE

TOUS LES PERSONNAGES DE LA REVUE.

TRUC. Eh bien! mon vieux Zéro! notre mission est terminée, mais, en avant la chanson!

CHŒUR FINAL.

AIR : *Les Gueux* (BÉRANGER).

Amis, chantons
Nos joyeux flons flons,
Gaiement finissons
Par des chansons.

ZÉRO.

Duval nous trempe une soupe
Dans un restaurant fort chic,
Dans son bouillon quand il coupe,
En fait d' bœuf n'y a que l' public.

HÉBERT.

La crinolin' qu'on méprise,
Se portait antérieur'ment,
Mais, toujours, quoi qu'on en dise,
Ell' s' portera postérieur'ment.

POMMIER.

Une houpp' maintenant occupe
Le dos des femmes, c'est nouveau;
Ell's font un balai d' leur jupe,
Il leur fallait un plumeau.

TRUC.

On sculpte, on dore, on azure,
Les colonn's du boulevard,
Est-ce de la pisciculture
Qu'on f'rait là d'dans, par hasard?

MUSARD.

On voit des Turcs de tout' sorte,
Au musée oriental,
C' qui fait qu'étant à la porte,
J' crois que j' suis dans le local.

POMMIER.

Qu'un' biche avec moi se guinde
Et veuille des châles cossus,
J' répons : d'puis la guerr' de l'Inde,
Les cachemir's sont fichus.

HENRIETTE.

Le vin, chose assez bizarre,
Sera bon marché pour tous;
Au moins, si l'argent est rare,
Nous ne manqu'rons pas de sous.

CARNIOLI. (*Imitation de Félix.*)

Le trois et l' cinq pour cent font faire,
Près du Vaudeville plus d'un pouff.

(*Imitant Grassot.*)

Au trois pour cent je préfère
Beaucoup le trois-six; gniouff, gniouff.

POMMIER.

Il est un couplet bien riche
Qu'on chante ici tous les ans,
C'est celui qui n'a pas d' rime,
Et c'est souvent le mieux fait.

SHEPPARD.

Les chants qu'Béranger nous laisse,
Qu' Déjazet les dis' souvent,
Leur éternelle jeunesse
A rajeuni son talent.

LA POINTE.

L'autr' jour j' vais voir jouer *Tartuffe*,
Par mon bon ami Fechter;
Mais quand j'aperçus sa truffe,
Ah! quel cri ça m'a *fait ch'ter*.

L'ÉCARTEUR.

A l'Hippodrom', quelle fadaise!
On donnera désormais
De l'herbe aux vaches landaises
Et du bouillon aux Landais.

LE TITI.

Au Prophète, par le vitrage,
J' vois coudr' les garçons tailleurs;
Je crois qu'il serait plus sage
Que les garçons soient ailleurs.

LE PUBLIC.

Pour qu'ici la foule abonde,
Crions tous au dénoûment :
Suivez l' monde! suivez l' monde!
Petit succès deviendra grand.

PARIS

A LA LIBRAIRIE THÉATRALE

12, BOULEVARD SAINT-MARTIN, 12.

Paris. — Typographie Morris et Compagnie, rue Amelot, 64.

www.ingramcontent.com/pod-product-compliance
Lightning Source LLC
LaVergne TN
LVHW052033160826
845678LV00003B/1325

* 9 7 8 2 3 2 9 6 3 0 5 1 9 *